"中国劳模"系列丛书

笃行无疆的驾驶员：
张国利

田欣雨　刘景娟 / 著

吉林出版集团股份有限公司
全国百佳图书出版单位

图书在版编目（ＣＩＰ）数据

笃行无疆的驾驶员：张国利／田欣雨，刘景娟著
. -- 长春：吉林出版集团股份有限公司，2023.4
（"中国劳模"系列丛书）
ISBN 978-7-5731-3078-5

Ⅰ.①笃… Ⅱ.①田… ②刘… Ⅲ.①张国利 - 传记
Ⅳ.①K826.16

中国国家版本馆CIP数据核字（2023）第039608号

DUXING WUJIANG DE JIASHIYUAN: ZHANG GUOLI

笃行无疆的驾驶员：张国利

著　　者	田欣雨　刘景娟
组稿统筹	东北师范大学文学院创意写作研究中心
撰写指导	余　弓
责任编辑	王丽媛
装帧设计	张红霞

出　　版	吉林出版集团股份有限公司
发　　行	吉林出版集团社科图书有限公司
地　　址	吉林省长春市南关区福祉大路5788号　邮编：130118
印　　刷	唐山富达印务有限公司
电　　话	0431-81629711（总编办）
抖 音 号	吉林出版集团社科图书有限公司　37009026326

开　　本	710 mm×1000 mm　1 / 16
印　　张	8.5
字　　数	100 千字
版　　次	2023 年 4 月第 1 版
印　　次	2023 年 4 月第 1 次印刷

书　　号	ISBN 978-7-5731-3078-5
定　　价	45.00 元

如有印装质量问题，请与市场营销中心联系调换。0431-81629729

　　劳动创造财富，劳动创造幸福，劳动创造未来。习近平总书记在2020年全国劳动模范和先进工作者表彰大会上的讲话中指出："全社会要崇尚劳动、见贤思齐，加大对劳动模范和先进工作者的宣传力度，讲好劳模故事、讲好劳动故事、讲好工匠故事，弘扬劳动最光荣、劳动最崇高、劳动最伟大、劳动最美丽的社会风尚。"当今世界，综合国力的竞争归根到底是科技人才和高素质劳动者的竞争。改革开放以来，我们强大的工人队伍用辛勤劳动和拼搏奉献推动中国制造、中国智造、中国创造走向世界的前列，新时代的中国面貌日新月异。大力弘扬劳模精神、劳动精神、工匠精神，加强高素质技能人才队伍建设，打造一支宏大的知识型、技能型、创新型劳动者队伍是伟大时代赋予我们的历史责任。

　　劳动模范是民族的精英、人民的楷模，是共和国的功臣。自改革开放以来，广大职工勇立改革潮头，独立自主，奋发图强，勇于创新，其中涌现出一批批全国劳模和大国工匠，他们参与建设了代表中国高度、中国速度、中国深度的一系列重大工程，提升了国家实力，打造了"中国名片"，树立了"中国品牌"，增添了"中国力量"，充分释放出工人阶级的创新活力，展示出大国工匠强大的创造能力。他们以工人阶级的满腔热忱在各自平凡的工作岗位上创造了辉煌的业绩，书写了新时代的壮丽篇章。

爱岗敬业、争创一流、艰苦奋斗、勇于创新、淡泊名利、甘于奉献的劳模精神，崇尚劳动、热爱劳动、辛勤劳动、诚实劳动的劳动精神和执着专注、精益求精、一丝不苟、追求卓越的工匠精神，是广大劳动群众在社会生产实践中锤炼形成的弥足珍贵的精神财富，是工人阶级伟大品格的具体体现，是民族精神和时代精神的生动体现。民族复兴需要劳动模范，祖国强盛需要大国工匠，中国制造、中国智造、中国创造更需要大国工匠的强有力支撑。劳模、工匠等的成长故事、先进事迹中承载的劳模精神、劳动精神和工匠精神，是激励全国各族人民团结奋斗、勇往直前的强大精神力量。

"中国劳模"系列丛书，采用图文结合的方式，讲述全国劳模、大国工匠和先进工作者的成长经历及他们追梦、筑梦、圆梦的故事，用他们在平凡岗位上创造不平凡业绩的真实故事感染读者，形成劳动最光荣、劳动最崇高、劳动最伟大、劳动最美丽的社会风尚，引导广大技术工人和青少年形成劳动光荣、技能宝贵、创造伟大的观念。

"匠心筑梦，强国有我。"新时代是万象更新、生机勃勃的时代，也是一个继往开来、创新创业和建功立业的大时代。希望广大读者能以劳动模范为楷模，以大国工匠为榜样，立志技能报国、技术强国，踔厉奋发，勇毅前行，锤炼思想品格，汲取劳动智慧，勇于担当、勤于钻研、甘于奉献，为推进新型工业化和乡村振兴，加快建设制造强国、质量强国、航天强国、交通强国、网络强国、数字中国、农业强国，为全面建设社会主义现代化国家贡献青春力量。

中华全国总工会副主席（兼）

中国航天科技集团有限公司第一研究院

211厂14车间高凤林班组组长

2022年11月

传主简介

　　张国利，1974年出生于河南省武陟县西石寺村，1987年考入县重点中学，1991年因家庭困难自愿放弃上高中的机会选择了技校，毕业后以优异的成绩被分配到新乡市新运交通运输有限公司（以下简称为新运公司）三分公司。

　　父亲张书文出生在1948年，十二三岁便到武陟县城的饭店当学徒，1972年成为了新乡汽运公司下属三修厂的汽车修理工，张国利出生那年转为新乡汽运总公司三队驾驶员，再到教练员，坚守了三十多年，1980年到1993年连续获得公司先进、新乡市劳模、河南省交通系统先进工作者等荣誉，并创下河南安全行车150万公里的纪录。

　　1993年，张国利到新运客运三公司当乘务员，1994年成为父亲的徒弟，从父亲身上学到了很多。一路走来，父亲和家人的支持是他前进的动力，他们一直鼓励他勇往直前。

2004年，公司公车公营，张国利担任洛阳线路小组长。

2006年，张国利加入中国共产党，荣获新乡市劳动模范称号。2011年9月，在新乡市第四届驾驶员技能比赛中获得第一名，同年被授予市五一劳动奖章。2012年2月，被授予新乡市交通运输系统"十大标兵"、"河南省技术能手"等荣誉称号。

2013年，张国利劳模创新工作室挂牌成立，2014年，工作室被评为全国工人先锋号。其中车辆旧件利用、节油操作法、安全操作法、网络平台开发获得广泛的好评。

2014年五一前夕，张国利获得河南省劳动模范称号，2015年获得全国劳动模范荣誉称号。

2018年，张国利成为新乡市总工会兼职工会副主席。

2019年2月，张国利收到中国劳动关系学院录取通知书。

在日常行车途中，张国利始终坚持乘客第一的原则，急他人之急，想他人之想。2008年汶川地震后积极参加捐献活动，2021年郑州遭遇暴雨时他挺身而出，一次又一次参与救援任务，工作途中更是做了许许多多的好事，被乘客们亲切地称为"新濮线上的活雷锋"。他有着极强的社会责任感以及不畏挑战、敢为人先的精神。未来，张国利将不断地超越自己，努力取得更加优秀的成绩！

目 录
CONTENTS

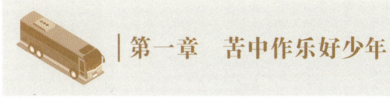

第一章 苦中作乐好少年

张家的长子长孙

"咱们就叫他国利吧，国是国家的国，利是利益的利，希望孩子长大后多为国家谋福利。"

在中国华中地区的城市中，焦作市是一座拥有得天独厚自然条件的城市：它位于河南西北部，北依太行山，南临黄河，与洛阳、郑州隔河相望，现存裴李岗文化、仰韶文化和龙山文化的遗址。在这个美丽的市里，有一个小小的武陟县城，虽然不算起眼，却是交通要塞，郑焦城际铁路、京广铁路路过此地，武西高速公路、郑焦晋高速公路、济焦新高速公路、郑云高速公路和济东高速公路穿境而过，交通极其便利。

武陟县城旁边，有个名叫西石寺的小村，村里只有一百多户人家。

河南的村里人又叫庄稼人，以土地为生，靠天吃饭，但是这样的生活方式并不能给家里带来长期稳定的收入。时代飞速变迁，为了养家糊口，少数年轻人开始想着进城打工，在大城市买房，成为"城里人"。

张书文也是其中的一员。

他家里兄弟两个，因为家庭贫困，他从小便放弃了读书，等到十二三岁去了武陟县城的饭店当学徒，闲暇时放猪、放羊、拉煤，什么杂活儿都干。到了十六七岁，张书文投奔了新乡的远房亲戚，从此定居新乡，他做过厨师、面点师。1972年，他成为新乡汽运公司下属三修厂的一名汽车修理工。虽然经验不足，也没有经过系统学习，但是因为能吃苦，肯虚心求教，张书文很快成为一名优秀的修车工。

1974年，他的第一个孩子出生了。

张书文和妻子都盼望着这个孩子能够顺顺利利地长大，便按照风俗把孩子托付给了当时村子里的老秦家。

小小的婴儿成了老秦家的第七子。

干娘对这个"外来"的孩子非常好，因为有丰富的育儿经验，加上细心的照看，虽然送来时孩子有些体弱，一年后，干娘对张国利的母亲说："把儿子领回吧，二十多斤呢，你看多结实。"

看着孩子长成了一个虎头虎脑、精气神十足的小男孩，张书文的妻子喜极而泣，连连道谢。她抱着胖墩墩的儿子回到家，上过几年私塾的奶奶看着自己白白胖胖的大孙子，笑着说："老秦家的孩子名字中间都有一个'国'字，咱们就叫他国利吧，国是国家的国，利是利益的利，希望孩子长大后多为国家谋福利。"

自此，张家的长子长孙有了名字——张国利。

父亲的影响

"喜欢就大胆探索！"

孩子健健康康地回来了，但是家里依然贫困。张书文看着家中拮据的经济状况，担心以后不能给妻儿吃穿不愁的生活，于是他毅然决然地来到了新乡汽运总公司三队当一名驾驶员。

张书文从小辍学谋生，承担家庭的重担，尝试过很多职业。无论是厨师、面点师、修理工，还是后来的客车驾驶员，再到做教练员，他都吃苦耐劳、兢兢业业。

从刚开始由货车改装的客车，到后来公司像模像样的客运汽车，再到现在的宇通客车，张书文经历了车辆更新换代，线路设计得也越来越便捷，张书文跟随时代的脚步，不忘初心，一直坚守在交运第一线。

张书文特别能吃苦，每次都拣着最累最烦琐的工作干，一个月下来总是超额完成运输任务。平常空闲时，他也不肯多休息，总是花时间研究车辆的构造，说要提高自己的修理技术。他总会有些小发明、小创造，提高了他所驾驶的车辆的完好率。

1980年到1993年的13年间，张书文连续获得公司先进、新乡市劳模、河南省交通系统先进工作者的光荣称号，创下了安全行车150万公里的纪录！

这期间，张书文又新添了两个孩子，张国利有了一个弟弟、一个妹妹。

那时，张国利的母亲在家干农活儿，张国利的奶奶负责看护他们兄妹三人，父亲下班回来会帮助母亲和奶奶做家务，给家里人做饭，陪孩子们玩耍。虽然日子过得紧巴巴的，但也不至于缺衣少食，一家人过着其乐融融的幸福生活。

为了这个家，为了孩子们可以无忧无虑地长大，父亲无时无刻不在付出，他是家里名副其实的顶梁柱，他的一举一动、一言一行也影响着张国利的成长，他用自己的人格、品质，春风化雨、润物无声地"教化"着自己的孩子，给他们的人生和事业铺垫了坚实的基础。

对自己的大儿子，张书文有着不一样的期许，他希望儿子可以到热爱的岗位工作，在工作中发光发热。

"喜欢就大胆探索！"张书文经常鼓励儿子自己动手，从不会干预儿子对未知领域的探索。

在父亲的支持下，张国利自小便熟悉各式各样的小玩意儿。

　　到张国利七八岁时，父亲带着他参观自己工作的地方，给他讲很多关于汽车操作的知识，这对他来讲，无疑是最好的启蒙。张国利对所有事物都感到很好奇，边走边问自己的父亲，这个工具叫什么，那里怎么操作，如果按动这个会发生什么，那个房间的叔叔阿姨是干什么工作的……每个问题父亲都会耐心地解答，单位里的叔叔阿姨看见小朋友来了，也会帮忙照看，为他讲车队里的小故事。

　　关于汽车的启蒙也许短期内并没有对张国利有明显的影响，小小的张国利还是和大多数孩子一样学习、玩耍，对未来充满希望，但是这些小事却悄悄地隐藏在孩子的内心，在他人生中的关键时刻起到了决定性的作用，同时，也成就了他的未来。

"孟母三迁"

　　　　"孩子，跟老师去吧。"

　　比起年少辍学的父亲，张国利算赶上了好时候，不用小小年纪就担忧全家的生计，但他的学习生涯也不是一帆风顺的。

　　张国利六岁进入村子东头的育红班学习，八岁升入西石寺小学一年级。

那时的西石寺小学，还是20世纪60年代修建的老土坯墙的灰瓦房。学校有五个年级，每个年级一个班，加上教师办公室，一共六大间房，办学规模在当时农村是比较大的。张国利在西石寺小学读书时，教室里没有配套的木头课桌、木头板凳，每间教室都摆放着一张张预制板式的课桌，上面刻满了前几届学生留下的痕迹和一些磕磕碰碰的凹痕，凳子是学生自己准备的，大小宽窄不同，什么形状的都有。

张国利在这所学校上到三年级，又留级一年，学习成绩还是班里倒数。母亲看到长子的学习成绩非常担心，再三考虑，又去实地考察一番后，决定让张国利转到条件更好的学校。

古有孟母三迁，今有张国利母亲为儿转学。这是一个大胆的决定，对一个十来岁的孩子来说，在熟悉环境里才有安全感，而新的环境往往会让孩子觉得陌生，甚至不适应，母亲却相信张国利可以在新的环境中展现更好的自己。或许是因为新的环境会给人一种别样的新鲜感，不同的教育资源、不一样的同学，给了他更多的感悟，这个孩子没有辜负母亲的期望，自从到了新学校，张国利似乎懂事了许多。

母亲为他找的新学校叫作木城镇第一小学。

位于武陟县的木城镇第一小学是县重点小学之一，坐落在一个巷子里，周围多是居民楼，有一个较为安静的学习环境。学校高大的外墙上写着"好好学习，天天向上"，旁边的墙壁上还有一些卡通图案。进入学校，首先映入眼帘的是对称的钟鼓楼，还有两棵百年古柏，学校古朴而有底蕴。往里走，能看见左右两列老砖瓦房，这是一年级和二年级上课的地方，各有三个班。再往里走，一座比较新的教学楼矗立在眼前，这是中、高年级上课的地方，在当时算得上是一流的教学楼，教学楼分三层，每层一个年级。学校不大，可容纳的班级却不少，教学楼和钟鼓楼中间还有个小操场。

直到今天，张国利对转入新校的场景仍然记忆犹新——

"孩子，跟老师去吧。"母亲郑重其事地对张国利说。松开母亲的手，他怀着期待而害怕的心情进入校门，紧追慢赶地跟在老师的身后，一路小跑着到了教学楼二楼的一间教室。这间教室比起西石寺小学的小平房宽敞明亮了很多，座位上的同学们用好奇的目光注视着他。虽然有老师的鼓励，但在自我介绍时他还是不可避免地紧张了，同学们并没有笑话他，他们脸上洋溢着友善的笑容。在这样的氛围里，张国利坐到了自己的座位上，拥有了一张属于自己的小课桌。

自我介绍，调座位，和同学共用一本练习册，下课及时地抄课表、领教材……随着交往越来越多，他开始和新老师、新同学熟悉起来，上课也不再那么拘谨。

慢慢地，张国利开始积极回答问题，课下找老师询问没听懂

⊙ 1981年，7岁的张国利（最后排）和家人的合影

的问题，成绩也慢慢提高。他获得了老师和同学们越来越多的肯定和赞赏，收获了自信。

进步的喜悦也让张国利真正明白了母亲的良苦用心，相信环境真的能改变一个人，尤其在一个学习氛围浓厚的班级里，同学们你追我赶地学习，共同进步。

自行车上的师生情

"小伙子，上来吧！"

除了面对学业上的压力，张国利还有另外一个难题需要克服：他的家离学校大概有五公里的路程，对一个十来岁的孩子来说，来回这十公里路并不容易。大多数同学都是就近上学，他始终没有找到同行的小伙伴，所以无论是上学还是放学，刮风还是下雨，张国利都只能独自走完这上学路。当时交通工具不多，道路不通畅，不平坦，只能一步步用脚丈量，才两个月时间，张国利就把一双新鞋子磨破了。张国利每次磨破鞋，母亲都不厌其烦地为他缝补鞋子，剔除鞋底缝儿的小石子。看着母亲每天劳累的身影，张国利想，要是能有一辆属于自己的车

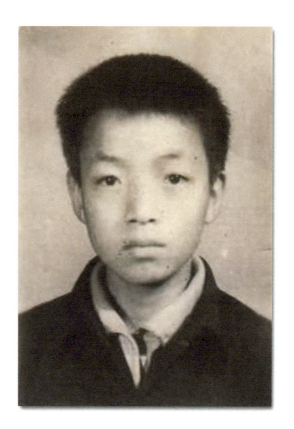

⊙ 1986年，张国利12岁在木城镇第一小学时的照片

子就好了，最好可以把父母和同学们都带上，想去哪就去哪，不用那么费鞋，也不用一个人一步步走完来回的路。

在这段孤单的行程里，张国利遇见了一个对他影响很大的人，那是他当时的班主任张松老师。张老师主要教授语文课，他学识渊博，年轻有为。

那天下午，放学时正好下雨，张国利想到家里人应该都在外面干活儿不会来接他，他站在门口，准备去找同学借一把伞，这时张老师出现在他的身边。

"国利，怎么站这儿了，是没带伞吗？"

"老师好，我今天出门没注意天气，忘记拿伞了。"

"没事，来坐老师的车回去。"

张国利感觉太麻烦老师了，有点儿不好意思。

还没等张国利说出拒绝的话，老师拍了拍他的肩膀："小伙子，上来吧！是不相信老师的车技吗？"

小小的玩笑打消了张国利心里的顾虑，那天，他第一次坐上老师的自行车，看到了老师的另一面。

后来，在那条熟悉的路上，张国利还遇见过张老师一次。

那次是上学的时候，张国利背着书包刚出村子，还在想当天有哪些课程时，突然听到后面好像有人在喊自己的名字，回头一看，竟是张老师，老师把自行车停在张国利旁边，问他："你刚刚在想什么呢？老师叫你几声都没听见。"张国利不好意思地说："在想今天有什么课呢。"老师笑了笑，摸了摸张国利的头："真是个好孩子，老师看你一个人，不如和老师一起走吧。"有了第一次的同行，这次和老师的相处就显得更加自然。

张国利很高兴可以再一次和老师一起走在这条路上。

学识渊博、充满爱心而又幽默的张老师让张国利对学校、对班级甚至对同学的归属感、亲近感都大大增强。那是一种难得的信任，老师和同学的关系好像父子，更像是挚友，自行车也像有魔力，平时不敢说的话，现在坐在自行车后座上好像都可以说出来似的。

张国利清晰地记得，在那辆自行车上，在那段五公里的行程中，老师询问他长大后想干什么，他告诉老师："老师，我想长大后做一个司机，接送老师上下班。"张老师说："那国利可以和你父亲一样，成为一名公交车司机呀！"

自那以后，张国利常常想着这次对话，未来的职业目标也愈发清晰。

农村的孩子早当家

"要收获就要付出劳动。"

自从张国利到县城上学，他的学习一直在进步，母亲喜在心头。张国利没辜负母亲的期望，小学毕业考试成绩排进年级前二十，他顺利考入县重点中学——育才中学，属实令家里人骄傲了一把。张国利毕业后，母亲把弟弟妹妹也转到了木城一小，希望他们能像哥哥一样优秀。

兄妹三个都在县城读书，家里的开销又增加了。学习之余，家里的生计问题成为小小的张国利心中的负担。虽然家里的孩子多少有一点儿属于自己的零花钱，但他自小就知道家里的不易，每分钱都是有数的。如今他上了初中，比以前更懂事了，觉得自己可以多帮助家里干点儿什么。

张国利的零花钱是妈妈给他的应急备用金，但他需要为家里付出劳动才能获取，比如刷锅刷碗、洗衣服拖地以及下地干农活儿。这些钱他总是一点点存着，除了有时给弟弟妹妹买些零食以及自己的学习用品外，他从来不乱花。

农村的孩子从小就会干农活儿，夏天收麦时，学校一般都有麦假，张国利趁着麦假可以干很多活儿，多"赚"一些备用金。除了麦子，家里也种玉米。五月底种玉米时，张国利家一般是母亲负责用锄头挖坑，几个孩子往坑里放两三颗玉米种子，母亲再回填后边的坑。

看着母亲驼着背锄地，张国利非常心疼，总是闹着让母亲歇会儿。一次两次后，母亲便不愿再休息，地迟早都要种，庄稼迟早都要收，干这些活儿一刻也不能松懈。

张国利那时常想，既然这活儿必须要做，那有没有一种物件可以让母亲轻松些呢？

第二年，张国利向父亲申请了资金，再加上之前攒下的一笔小钱，他偷偷在农机站买了点播机，母亲再也不用弯腰干活儿了，干活的效率也提高了一倍。轻松一点儿的母亲直夸孩子聪明懂事。现在想想，母亲又何尝不知道买一台点播机会让自己轻松些呢？她是宁愿苦自己也不想苦孩子呀。她不愿多花一分钱，只想给孩子多一些备用金。

那次的探索让张国利懂得了合理使用工具的重要性，它可以让工作事半功倍。

当时，对一个普通的农村家庭来说，除了孩子上学，最重要的莫过于每年的收麦。收麦首先需要在自家的地头夯实一块平地，用作打场，准备好后就可以开始收麦了。收麦是个辛苦的工作，得先用镰刀割倒麦子，然后用车运到场上，再用大队公用的"小四轮"拉上石磙在麦秸上跑上几圈，最后用麦杈挑麦秸。这个步骤一做完，麦粒和麦秸就可分离开，这时候就该扬场（用木锨等农具扬起谷物、豆类等，借助风力以去掉壳、叶和尘土）了，扬场的动作重复几遍才可以将麦子装进袋子，拉到各家的院子自行晾晒。

收麦全程都是耗力气的活儿。

大人们干活儿干得很累，张国利征得大人同意后在大人的监护下开上"小四轮"帮忙拉麦跑上几圈，正因如此，年仅十三岁的张国利就成为村里最年轻的"司机"。开"小四轮"让张国利倍感自豪，也成为他农忙时最期待的事情。

收麦累，更累的是种麦，只需半个月便可以使每一个参与其中的庄稼人精疲力竭。除了种麦收麦，收玉米也很累。母亲总是在天刚亮时就叫上家里的两个儿子一起去地里干活儿。掰玉米、装麻袋、抬上车……一系列活儿需要干几个小时，当十点的太阳照在脸上时，他们才可以拉车回家。张国利拉车，母亲在后边推着，已经累坏的弟弟睡在车上，虽然很累，但张国利觉得自己能帮大人的忙，他感到很快乐。

玉米棒拉完，他还要把秸秆放倒，三五天后再拉回。这时，孩子们可以趁机逮野兔、抓蚂蚱，还能到菜地摘黄瓜、甜瓜，待到犁完地，再和大人一块拉耧、种麦。

这样的过程，张国利几乎每年都要经历。艰苦的环境锻炼出他懂事、爱劳动的品格，也让幼时的张国利早早懂得劳动的意义："要收获就要付出劳动。"

农村的孩子早当家。张国利从小就十分懂事，除了农忙时帮家里收粮、种地，还学会了干家务活儿，扫地、拖地、择菜、做稀饭、和面和压面条，母亲总是放手让孩子自己做事，不会一味苛责，这也成就了能干的张国利。

九岁那年的一个晚上，张国利想帮助家里人熬稀饭，开始一切都顺顺利利的，但是饭快做好时，他想从柜子里拿碗，因为个子不够高再加上脚下有点儿不稳，他一不留神，五个碗都脱了手，只听"哗啦"一声，全都落地摔碎了。张国利站着有些手足无措，不知道该怎么和母亲解释。母亲闻声过来，没有责问，只是追问伤着没有，让他下次一定小心。他看到母亲担心的神情，紧张的心情一下子轻松起来，免去的一顿苛责对一个不小心犯错的孩子来说是一种莫大的鼓励，也让懂事的孩子没有因为一次失误就失去了干活儿的热情。

除了是父母的好帮手，张国利还是个称职的大哥。

母亲不在家时，他总是给弟弟妹妹找好吃的，还让他们学习做简单的家务。弟弟是个"小马虎"，做事总是不认真，张国利就耐心教导他，让他一步步完成每一件事，他如果做得好还会有奖励。张国利鼓励弟弟更积极主动地做事。妹妹不爱讲话，张国利经常找妹妹聊天，帮助妹妹多交流多沟通，在哥哥的开导下，妹妹变得活泼开朗，愿意出去多和小伙伴一起玩儿。

小小年纪的张国利，俨然是一个大人，弟弟妹妹也愿意跟着大哥做事。父母看着这三个孩子总是感到很欣慰，虽然那时候大人们每天的工作都很繁重，家里条件也不是很宽裕，但是家人都在身边，他们的每一天都很充实，每每回忆起来，张国利感到非常幸福。

小小少年，大大梦想

"最希望的就是开车可以像父亲开得那样好！"

童年的记忆总是美好的，张国利那时候觉得每一天都很长很长，日子过得很慢很慢。

因为交通不便加上消息闭塞，村里孩子们对外界一无所知。谈到小时候的梦想，张国利笑着说："小时候没什么远大的梦想，最希望的就是开车可以像父亲开得那样好，可以到处转转。"

因为物资匮乏，那时候家里的代步工具只有一辆自行车，被一家人尤其是父亲视为珍宝，一直不舍得给孩子们骑着玩耍。后来张国利上了初中，父亲才把自行车给了儿子。

张国利这时已经十二三岁了，个子长高了，协调性也没有小时候那样好，特别不易掌握平衡，总是左脚上去了身体就开始往右倒，右脚上去了身体又开始往左倒。初学自行车的张国利害怕摔倒，车子稍微歪一点儿便不敢继续往前骑了。他当时学车是和弟弟一起学的，弟弟上手很快，一天就学会了，张国利却用了两三天的时间，但他从来没有想过放弃，学会后也一直勤加练习，感觉差不多了才敢上路。

十二三岁的他，已经养成了认真、踏实的好品性，为他以后认真工作做了铺垫。

与同龄人相比，身为大哥的张国利更要肩负起长子的责任，为父母分忧，为弟弟妹妹起到榜样作用。同样，这个家庭也给了他最大的温暖和鼓励，无论是母亲在生活上的照顾和学业上的督促，还是父亲对他兴趣爱好上的指导，都对他未来的发展起到了不可磨灭的推进作用，父母十几年的呵护让曾经幼小体弱的小男孩成长为一个有梦想有优良品质的好少年，他的童年是快乐的，更是充实的。

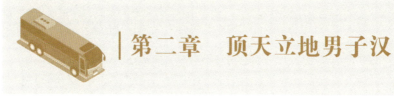

第二章　顶天立地男子汉

两度转学

他显得有点儿格格不入，有些迷茫。

1987年9月，张国利以优异的成绩考入县重点中学——育才中学，父亲把家里唯一的一辆自行车当作升学礼物送给了他，感动之余，张国利决心以优异的成绩回报家人。

升入新学校，面对更加宽敞明亮的教室和更加优秀的老师，张国利十分开心，计划在这里好好度过自己的初中生活。他的初中生活，确实过得很不错。

没想到两年后，父亲借用公司的零担车，和母亲一起，把家当一次性从武陟农村搬到了新乡市里。因为父亲工作变动，他们要定居新乡了！

生活了十五年的地方，一下从视野里淡出。他也因此不得不从育才中学转入新乡的新学校读书。进城后，面对着陌生的城市、陌生的环境和陌生的人群，他显得有点儿格格不入，有些迷茫。考虑到县城和市区的学习规划可能会不一样，为了能跟上市里同学的学习进度，母亲征得张国利的同意后，给他规划了人生中的第二次留级——张国利在育才中学读完了初二，在新学校重新进入初二年级。

这一次，他不如之前那般从容。首先因为口音的问题，他听不懂老师和同学们在说什么，有时候遇到口音比较重的老师，听课堪比听天书，同学们有时候也会打趣他，他知道同学们都没有恶意，但是那种无措感让他对拉近与老师和同学们的距离感到望而却步。其次，市里的课本和先前的有些不一样，上课进度也大不相同，许多东西他还没有学，同学们就已经到了拔高的阶段。在很长一段时间里，张国利都沉默寡言，不管是课上还是课下都小心翼翼的，不敢和同学们交流。

直到有一次学校组织了交流活动，其中有一个环节是老师和每一位同学交流谈心。伴随着轻柔的音乐，张国利逐渐打开了自己的心房，向老师说明了这段时间的困惑。在和老师的交流中，张国利再一次体会到老师带给自己的温暖，心结慢慢打开，与同学们的相处也越来越融洽。

自那以后，张国利不断进步，慢慢适应了老师和同学们的口音，有了几位好朋友，学习成绩也在稳步提升，毕业那年，张国利在班里的成绩已经非常不错了。

中考转折

"高才生啊，入学成绩第一名，恭喜你！"

1990年，张国利的弟弟和妹妹尚且年幼，奶奶也偏瘫卧床三年，家里条件实在不算太好，考虑到需要更多的钱维持生计、供孩子们上学，父亲母亲琢磨着干点儿什么副业来增加收入，由于父亲以前做过厨师，于是父母便在家门口支起了早点摊，卖的是家乡特色——武陟油茶。

张国利体谅父母的艰辛，每天早上，都会在四点半起来，跟着父亲学习做油茶的手艺，母亲在旁边揉面包包子，弟弟妹妹五点半起床，一家人齐心协力把桌椅板凳都搬到外面等待客人光顾。等到七点，父亲早已出车，张国利和弟弟妹妹也要去上学，摊位就只剩下母亲，一边忙着招呼顾客一边照顾卧床的奶奶。摆摊要持续到九点，没有了家人的帮助，母亲一个人把东西都收到家里，开始烦琐的清理工作，刷碗、收拾台面、打扫。

张国利把母亲的劳累看在眼里、记在心里，他心疼母亲，也感谢母亲。

转眼到了初三，对家里的情况，张国利已经有了清醒的认知，如果升入高中继续读书，父母要更努力筹集自己的学习费用，这对整个家庭来说，着实有些吃力。尽管他清楚，自己的学习成绩足以考上当地的高中，但为了家里的弟弟妹妹能够完成学业，他萌生出上技校早日参加工作为父母分忧的念头。

寒假期间，他向老师和同学们了解了技校的基本情况，知道某些交通学校和开车有关系，也更符合自己一直以来的梦想，于是更加坚定了自己的想法。父亲支持张国利的一切决定，在和儿子谈心后确定了基本方向，也帮儿子四处询问，寻找符合要求的学校。

无巧不成书，张国利父亲在上班时无意向同事说起儿子的上学问题，同事告诉他，他们所在的公司与一个交通技校有联合培养的关系，正巧有个同事的孩子去年从这个技校毕业后直接参加工作。如果孩子可以在工作前进入这个交通技校委培班，毕业能直接分配工作。

父亲回到家后马上告诉了张国利这个好消息。张国利心想，这实在是个不能错过的好机会，父亲所在的公司自己从小就熟悉，对公司的运营也有所了解，况且自己也喜欢驾驶员这个职业，不妨就抓住这个机会试一试。

抱着这个念头，张国利参加了培训班的入学考试。令人惊讶的是，这次考试张国利取得了第一名的好成绩。

"高才生啊，入学成绩第一名，恭喜你！"班主任杨研倩老师得知张国利的技校入学考试成绩后，虽有些遗憾他放弃上高中，但还是衷心祝福这个努力的孩子。也许是命中注定，也许是一个信号，张国利在中考分数出来的前几日放弃了高中的入学资格，选择进入现在的新乡市新运交通运输有限公司（以下简称新运）的交通技校委培班学习。完成报名的所有程序，一切都尘埃落定，没过几天，中考成绩也出来了，张国利的成绩比想象中还要好很多，甚至高出了新乡市第二中学分数线很多分！新乡市第二中学始建于1944年，是当地一所知名的全日制普通高中，也是张国利上初中以来一直追求的目标学校，多次出现在他的目标书中。

知道这件事后，身边的人都替张国利感到惋惜，在那个年代出来个高中生多么不容易，但是张国利却选择了另一条路。

那天家里格外安静，母亲坐在凳子上择菜，一句话也没有说，父亲拿着烟坐在门口，在那缕缕缓缓升起的烟雾里，张国利看到了父亲紧皱的眉头。看到这些，张国利坚定地对他们说："爸，妈，我不后悔！现在的我已经证明了自己的实力，对未来也有了自己的规划，你们放心，不上高中并不代表我会止步不前，我只是比其他同学早了几年进入社会，关于文化课知识，有时间我也会自学，绝不会拖了工作的后腿。"

张国利清楚地明白一个道理：是自己做的决定就勇敢地走下

⊙ 1991年，张国利（四排左六）在新乡市二十二中学的毕业照

⊙ 1991年，张国利（左）初中毕业随父亲在西安包车时的合影

去，只有踏踏实实地走，才会真正知道这是不是自己想走的那条路。

现在要做到的就是不忘初心、勇往直前。

成为一名光荣的"新运人"

"沉下心来，踏实地做，好好干！"

在委培班上学的那段日子里，张国利更加勤勤恳恳地学习。他明白，上学的时候不好好学，到了工作岗位只会更加困难，到时候再后悔也来不及了。语文、数学、物理、机械制图、金属热处理、汽车修理、交通运输驾驶员汇编等等，这里的课程安排比起普通高中更贴近工作内容。

正式毕业上班前，委培班的每个人必须有一段实习经历，张国利选择去车间。

车间每天都有非常多的待修车辆，不同的问题需要由不同的修理师傅来解决，就这样，每个修理部门都学习了一遍后，张国利逐渐熟悉并掌握了每个部门的工作内容和职责，对操作的机器也了如指掌。张国利在引擎组待的时间最长，从刚开始连配件名都叫不出来，到后来可以单独操作完成整机装配。他每天去得比师傅早，走得比其他实习学生晚。跟着师傅的每一天，张国利都觉得受益匪浅，学到了很多之前不懂的知识。看着师傅的一招一式，他每次都默默模仿，回去后更是勤加练习。慢慢地，他的技术提高了。师傅对这个勤奋的小伙子也是赞不绝口，逢人就说自己收了个好学生。

实习时光很快过去了，张国利学到了很多在技校学不到的实战修理操作方法，从底盘到后桥，从车下到车上，从机器到附件，从电路到油路，各方面都得到了锻炼。尤其在引擎组一个多月的时间，无论是分拆机器还是组装机器，每一个步骤、每一个流程，他都做了详细记录。

实习结束时，张国利已经可以独立完成发动机整机装配工作。对一个刚刚踏入社会的技校毕业生来说，这无疑是最大的鼓舞。但是张国利明白，如果单单在车间工作，他所学的理论知识和实战经验还勉强够用，但到真正运用时肯定会有很多以前没见过的故障。因为车辆在静态时，能明确找到故障原因，但如果车辆行驶在路上，在高速运转中，对故障的判断和处理就需要一些应急的处理办法，虽然上课和实习时老师和师傅都会举例，但具体的经验还是需要自己去体验、去摸索。

抱着这种想法，张国利对自己未来的发展方向有了前所未有的清醒认知。分配工作时，虽然师傅极力挽留，他还是忍痛放弃留在师傅身边的机会，而是选择去客运队报到。那一天，张国利来到车间向师傅告别，师傅欣慰又可惜地拍了拍他的肩膀，"孩子，未来靠你自己闯了。师傅暂时帮你到这里，以后有什么不懂的，尽管来找师傅，师傅把自己会的都教给你。"张国利用力地点了点头，师傅的教导他一生都不会忘记，有了在这里的经历，他对未来充满信心。他知道，只有经过实战，才能真正掌握技能，把从课堂和实习中学到的知识更好地用在实际工作中，才是对师傅最大的回报。

张国利带着对未来的憧憬，带着满腹知识和技能，顺利进入客运队。因为他资历尚浅，再加上只获得了货车驾驶证，不能开大客车，公司给他分配了售票员的职位。

父亲怕张国利会有浮躁情绪，特地拉着张国利一起坐在家里的沙发上，语重心长地对张国利说："孩子，你爸没什么能力，唯一值得骄傲的便是把你供了出来，现在你也参加工作了，和爸在一起好好干。咱干一行爱一行，不管咋样都要坚持到底，认真执行上级的命令。当然，咱也要学会见机行事，多为乘客想想，多做好事，咱心里踏实啊。沉下心来，踏实地做，好好干！"

那天晚上，一向沉默的父亲对张国利说了很多话，他猜想那些话应该是父亲一直藏在心里没有说出来的真心话。张国利想，父亲应该是高兴的，自己的大儿子可以跟着自己干工作，但父亲也担心儿子年轻气盛，没法全身心投入这份看似枯燥的事业中。那晚谈心后，张国利暗下决心，父亲说的话他一定会做到，他会用实际行动向父亲证明自己的能力，证明老张家个个都是能手！

自此，张国利正式成为一名"新运人"。

走上工作岗位后，张国利才感受到其中的不易。身为司机的"副手"，虽然不用时时刻刻观察行程中的车况和路线，但他也有自己的职责，车辆到每个站点大概的行驶时间、沿途站点的分布、每个站点上车的大概人数、每个阶段不同的票价以及各个不同地方的方言，他都需要熟练掌握，有时遇到问路的、坐错车的或者言语不通的大爷大妈，都需要自己协助处理。保证不耽误乘客的上车速度，不耽误司机正常驾驶，这是他的责任。售票员把这些工作都处理妥当，司机才能心无旁骛地开车，这条线路才能获得乘客真正的认可，这趟车也能更好地为人民服务。

跟着驾驶员师傅出车的每一天，张国利都会认真做好笔记，每趟车的发车时间、车站出发人数、路上拉了几名乘客、途中遇到的紧急情况、回程时的客流量、每趟车耗费的时间等，这些看似琐碎实则非常重要的工作，张国利做到了极致。

月底，第一次拿着自己的工资交给母亲保管时，张国利看到了母亲噙着的泪水，也看到了母亲难以抑制的欣慰。这一个月来一步步的探索、每次出车的担心以及每次出错后父亲的责骂，仿佛都在这一刻烟消云散。这是第一笔工资，也是一个新的起点！

一年后，这条线路的人数明显增多，越来越多的乘客坐完他的车次后也会给出满意的评价，张国利也真正完成了从技校生到

⊙ 1993年，张国利（三排左二）在交通技校的毕业照

交运人的转变。这段时间里，张国利凭借着自己的不懈努力，不仅获得了许多师傅传授的经验，也熟悉了一条条线路，明白了司机日常工作的艰辛。在一趟趟运载和一次次的旅程中，张国利爱上了这份工作，愿意为之拼尽全力，奉献自己。

子承父业

"做好一件事并不难，难的是一辈子做好一件事，将事情做到极致。"

1994年，二十岁的张国利终于可以自己驾驶车辆了。在公司的分配名单中，张国利被安排到了父亲的门下，两人搭档驾驶同一辆车。

这是一种很神奇的经历：作为父亲，当然愿意把所有的经验毫无保留地教给张国利，但与此同时，也意味着"师傅"会更加严格，不允许张国利有犯错的机会。在每天的工作中，张国利必须完全按照父亲的指令做事，不允许有任何差错。父亲高强度、严要求的方式让他深刻理解了上学时那些教师子女的不易，这是一种难以言说的苦楚，从家到公司，自己的一举一动都在父亲的掌握之中，处处要谨言慎行，不然回去就要接受一通思想教育。

父亲确实教了张国利很多技能，开车的技巧、行车需要注意的事情，以及旁人一般不会注意到的细节，他都毫无保留地教给自己的"徒弟儿子"。父亲常对他说："一个人，做好一件事并不难，难的是一辈子做好一件事，将事情做到极致。几十年如一日，坚持不懈……那才是最难最难的啊。"张国利明白，人在一生中会有许许多多的事情，要想把每件事都做好，就算是天才也做不到，只要能把其中的一件事做好，就是个聪明人。而他，就要做那个聪明人。

父亲也经常用以往的行车经历教导张国利。有一次，他讲了这样一件事："有一次长途行车，车子刚刚行驶到一条山路上，差速器突然不受控制地发出'咚咚'的响声，听了几遍后，我觉得有点儿不对劲，观察周围的路况后立刻靠边停车，仔仔细细查看了一番，我已经可以初步判断是客车后桥差速器出现了损坏。"

"国利，对于这种情况，你会怎么处理？"父亲突然考起了张国利。张国利还没有遇到过这样的问题，只能说出常规的答案。

父亲接着说道："你的选择当然没问题，普通驾驶员一般都是向单位打电话汇报，然后等待单位加派长途修理工，安排旅客和司机住店等待，维修结束后继续接送旅客，如果一时半会儿修不好，也可能是重新派辆车接送旅客。但我的选择不一样，你知道是什么吗？"

父亲故意卖起了关子，张国利迫不及待地想知道答案。

"为了节省时间，不耽误乘客的旅程，也为了不耽误下一辆车的出发时间，我选择走一条和别人不一样的路：自己动手。这其实是个很艰难的选择，如果车辆停在车间地沟检查站，那么修车很简单，可以很容易解决问题。但那是在野外，如果在维修过程中发现判断失误，没有配件更换，只会出现更糟的情况。但当时时间紧张，不允许我考虑这么多，凭着多年的修理经验，我决定先尝试一下。拆开后，你猜怎么着，跟我判断的一样，是导向轴承散了，正好车上有备件。修理过后，问题被成功解决……客车重新点火时，车上的旅客不约而同鼓起了掌。那天也很幸运，路途顺畅，车辆准时驶进侯马站，乘客陆续下车，新的一批乘客有序上车。一点儿没耽误事儿，车辆又正点从侯马站返回新乡。"

张国利为父亲果断的决策力和出色的技能折服，可父亲转而说："但是，孩子我跟你说，面对同样的情况，如果你没有十足的把握，你应该选择你刚刚说的方式，万不可独自冒险。一定要记住，必须把乘客放在第一位，逞能是不可取的。"

张国利更加敬佩父亲了。原来，他讲故事不是炫耀，也不是想做英雄，即便是收获了这么多掌声，他也永远记得驾驶员的首要任务——保障乘客的安全和利益。

父亲在奋斗的岁月里做好了本职工作，还养育了张国利三兄妹，把家里的老人也照顾得妥妥当当，他是张国利的榜样，更是张国利前进路上的后盾。跟着父亲出车的那段时间里，张国利深刻领悟到，身为一个男人，必须照顾好家庭，同时踏踏实实把自己的工作推向更高的成就。

吃一堑，长一智

作为一名客车驾驶员，手里握着的不仅是方向盘，更是责任和担当。

父亲用自己的亲身经历告诉张国利随机应变的重要性，但这又谈何容易，车辆在行驶途中有非常多的细节，不能有一丝一毫的马虎。这不，张国利很快就遇到了考验——

那是一个夏天，张国利驾驶大巴行驶在从武陟返回新乡的路上，天气炎热，即使驾驶座上开着风扇他身上的汗也止不住地流。途中正好下了一场雷阵雨，天也凉快了几分，张国利不由自主地提了点儿速度。同行的父亲在旁边看了看，欲言又止。张国利想着父亲应该是不管了，就更放肆了。

当时路面还是两车道，比较狭窄。父亲在大巴经过前一站时移到了张国利的后排座上卖票，一时也没有看着路况。

正轻轻松松开着车，张国利看见前方路的右侧停了两辆收割机。他想着大中午的，对面肯定没车，就迅速打了左转向加速超过，一时也没注意前后方的来车情况。不料有一辆大卡车正迎面而来。

张国利处于进退两难的境地。

也是一刹那，车辆化油器因为天气炎热燃烧不好，车身不受控制地猛一抖动，两辆车险些就撞上了。

慌乱中，张国利从后视镜里看见货车的马槽和大巴尾部几乎挨上了，猛地刹车，试图降低车速以顺利通过，可因为之前的车速过快，加之地面湿滑，大巴虽然与大卡车安全擦肩而过，但也横到了路面上。

直到现在，张国利回忆起这段经历，依然觉得十分惊险。万幸的是，当时路面上除了那辆大卡车和自己的大巴，再没有其他车辆了，张国利和车上的几十人这才避免了一场灾难。

张国利缓了一口气，提醒车上的乘客系好安全带。当他把车顺正正要起步时，坐在后面的父亲突然一脚踹到了驾驶座上，大声呵斥道："你咋开的车，一车子的人就你抢那几分钟，就那么着急吗？之前就想说你，天天心浮气躁的，再快点儿就到沟里了知道吗，能不能长点儿记性！"

张国利被这突如其来的训斥吓呆了，从脖子到脸噌一下红了。张国利顿时蔫了，对父亲说："您开吧，我不行……"没想到父亲也没同意，还是坚持让张国利驾驶。他知道这件事是自己错了，舒了口气，稳了稳心态，也没敢说话，等父亲稳稳当当坐回座位后，才敢重新发动车辆。

剩下的车程他再也不敢大意，把车速控制得非常平稳。等到了终点站完成交接手续后，父亲又把他叫到了一边："咱开车这一行的，图的就是一个安全。胆子要大，但更要心细。你需要在车流中寻找到自己想要的位子，稳稳当当地驾驶，把自己和乘客平平安安地送到地方，这就是司机的职责所在。"

"那时我刚被提到驾驶员的位置上，年轻气盛，对很多事情都不服气，认为别人办不到的我肯定可以，父亲因为这个事情没少找我谈话，当时自己年轻，屡教不改。但这件事真的给了我很大的教训，自那以后，每次开车前我都会想起这件事，提醒自己把所有的心思放到驾驶上，用最平稳的状态开车，尽自己最大努力把这辆车上的所有人平平安安地送到目的地。作为一名客车驾驶员，手里握着的不仅是方向盘，更是责任和担当，日常工作要不急不躁、眼疾手快、有耐心有耐性，所谓的经验都是靠时间和路程一步步累积起来的，在这期间，一步都不能出错。"回忆起这件事，张国利诚恳地说到。

1996年，张国利和父亲响应公司的政策，一起承包发往老家的班线，风雨无阻。也正是这辆一天两趟的公交，让家里的光景

⊙ 出车前，张国利细致地检查电瓶

好了许多，生活蒸蒸日上，张国利干起活来也更有劲儿了。

同时，班线的固定也意味着需要更加重视车辆的保养工作。关于这一点，父亲也没少提点张国利。开车是个细致活，稍不留神可能就会犯下错误，哪怕是一颗小小的螺丝钉都会影响一车人的生命安全。记忆中父亲常说："车如人，人如车，车子就像是有灵性似的，你不让它喝水，它会高温，开锅；你不让它喝油，它给你撂到荒郊野外，丢人；车的轮胎也不能糊弄，要定期检查胎压，补气，剔除胎花中的杂物，不然它就给你歇气，动弹不得；还要时常在运输过程中注意听异响，时常做到拧紧螺丝、插头，固定好松动部位，总之，车上的任何事都要清清楚楚，千万不要糊弄，否则，必受其累。"

1998年的一天，张国利照常进行车辆的运行准备工作，正准备进行最后一步——检查轮胎，突然一位乘客的行李出现了问题，张国利急忙放下自己手里的活儿，来到乘客身边帮忙。好在有惊无险，行李只是忘在了候车室，在候车室的工作人员的帮忙下及时找回。

这时刚好到了发车时间，张国利看了眼这辆车的轮胎，心想："这辆车我跑了几十次了，每次发车前都会检查轮胎，这次时间来不及，少一次应该也没问题吧。"抱着这样的想法，张国利犹豫不决，正想着要不要检查，工作人员好像看到了这边的情况，在对面喊："张师傅，到点发车了。"

"算了，就这一次，应该没什么问题。"张国利最后看了轮胎一眼，怀着侥幸心理上车，清点人数，点火发车。

本来路上的一切都很顺利，张国利突然听见了车子右后方"噗"的一声——车辆突然失去控制，整个车身往右倾斜，车上的乘客东倒西歪。

"不好，肯定是轮胎的问题！"张国利心里一慌。所幸当时的车速不算很快，张国利紧握方向盘，冷静地缓踩刹车，车辆终于慢慢停了下来。

顾不得后怕，身为司机，张国利首先安抚了乘客的情绪，深吸一口气，立刻下车查看情况。

正是轮胎出了故障。张国利眼瞅着两个右后轮都没气了，哭笑不得。实在没办法，他只能给总部打电话请求修车的师傅尽快过来维修。幸亏当时离开市区还没多远，修车的师傅很快就过来了，师傅检查后发现原来是轮胎的气门芯漏气，里边的密封圈密封不严，没能承受住太大的压力，师傅换了个气门芯就解决了问题。

尽管问题很快就被解决了，但他们也耽搁了两个小时，乘客也早就坐上工友临时加的班车走了。这一趟白跑，还让自己的工友临时加班，张国利感觉很愧疚，他觉得出发前应该多坚持一下，把可能出现的问题提前解决，就不会出现这么大的失误。

这是一个很大的教训，也让张国利深刻明白，驾驶员对这些每次都要重复的、看似很小的事情千万不能抱有侥幸的心理，不怕一万就怕万一，每次出车前必须对车辆仔细检查，并留有适当的时间处理一些紧急情况，凡事都应往前提，不可拖延到最后一刻才执行。

自那以后，张国利再也没有犯过类似的错。

第三章　家成业就

成家立业新起点

"爱上了一个不回家的人……"

1999年岁末，张国利找到了自己人生中的另一半，他怀着激动的心情和爱人举办了婚礼，建立了自己的小家，成了家里的顶梁柱。

谈起两人的相遇，现在想起来，张国利还是觉得非常有意思。

他们初次见面是在1998年，当时一个是拿证不到五年的客车司机，一个是刚刚高中毕业的760厂线路组装工人。那时，张国利和父亲已经承包了公司客车，主要负责从新乡至武陟县的线路。因为驾驶经验还不足，张国利的主要工作是售票。

每到周末，总能看到一个眉目清秀的小姑娘，因为经常见，张国利没忍住多看了几眼，话也渐渐多了起来。一来二去，二人渐渐熟络，知道了对方的名字，小姑娘还开玩笑说："什么时候能办个免票？"

"我当时心里可乱了，也不知怎么回答，就傻乎乎说，不太久吧！没想到最后还真的追到了。"那么多年过去了，谈起这段经历，张国利依旧满是幸福地笑着。

在张国利的主动追求下，两个人的关系越来越近。感情稳定后，双方父母见面、定彩礼、办婚礼，张国利高高兴兴地接回了与自己共度一生的爱人。婚礼上，每个人的脸上都洋溢着笑容，衷心地祝愿这小两口可以长长久久，早生贵子。

一年后，这对小夫妻双喜临门，他们拥有了第一个孩子，买了一辆新的营运客车。对未来生活，张国利觉得更有盼头了，干起活儿来也比之前干劲儿更足。

儿子出生后，张国利也正式开始了和父亲一起跑长途客车的工作：每天往返于新乡—洛阳的班线。他起早贪黑地为儿子赚"奶粉钱"。在父子俩的运营下，这辆车效益不错，每次出车都有很多乘客，行李货架上也堆得满满当当的，一天跑下来，收入可观。

新生活刚刚起步，买新车的钱有一部分是借来的，跑长途辛苦赚来的钱一部分用作日常必要开销，一部分用来还账，所剩的也不多，日子过得很是精细。

妻子的单位属于大厂附属分厂，主要做电视线路焊接安装工作，正点上下班，工作比张国利轻松一些，可以更好地照顾家庭，照顾父母。闲暇时，妻子还会帮助张国利干些琐事。终日出车的张国利偶尔在车站见到妻子的身影，他们都会对视一笑，幸福而安心。

⊙ 2000年，张国利包车去王屋山，抱着儿子在车前留影

2000年，儿子才五个月，张国利要外出做包车任务，当时车上正好有空位，他带着爱人和儿子来了一次"短途旅游"。行车途中，张国利在镜子里观察车内外情况，总能瞥见儿子扑腾的小脚，看见妻子时刻注视着自己，一路上，张国利的笑容没有停过。

2010年，妻子所在的企业破产重组，她被迫下岗。为了让张国利安心工作，妻子没有继续找工作，选择在家安心照顾孩子。没了后顾之忧的张国利，在工作中更是任劳任怨。

谈起妻子，张国利总是露出幸福的笑容："妻子是我最坚实的后盾，她非常支持我的工作，也承担了家庭的所有琐事，照顾儿子，照顾我，赡养双方老人，样样都很细心，也从不抱怨。我主外，家里的重担全落在妻子身上。我每次出车，她还要担心我，总是嘱咐我注意安全，早点儿回家，时时刻刻惦记着我。我和儿子都知道她的劳累，但是因为工作性质的原因，我没有太多的时间陪伴家人，只能抓住平常难得的闲暇时间帮妻子干点儿家务，陪一家人出去散步。"

"爱上了一个不回家的人……"妻子经常开玩笑。张国利每每听见这样的话，他的心里也挺不是滋味的，他明白，自己亏欠家庭太多，亏欠妻子太多，陪伴家庭的时间少得可怜，留给妻子的时间更是屈指可数，因为这个工作在节假日恰恰是最忙的时候。

"我计划着，等以后退休了，孩子也长大了，就带着妻

⊙ 张国利和爱人、儿子在王屋山合影

子，我们两个人一起去环游世界。就我们两个人，想去哪就去哪，想买啥就买啥，完全由她决定，而我的任务就是好好陪陪她。"张国利有个心愿，一直没告诉妻子。

公营车豫G12682的驾驶员

"要干就可劲儿干，要做就做到最好，要活就活出个样子。"

2003年，非典病毒侵袭中国，各行各业都受到严重的影响。整个客运行业更是如临寒冬，每天只能维持着极少的客流量，经营环境惨不忍睹。当时可谓压力重重——非典防疫沿途排查，体温高的旅客要隔离处置；柴油涨价，原有的政策优惠不复存在；碰巧赶上获嘉县到武陟县路段的省道大修，客车只能绕道修武县，原有的固定客流量减少。因为各种原因，付出和回报不成正比，车辆运营难以维持。

公司领导了解到具体情况，给予所有车主政策照顾，采取少数车辆轮流停班，保证大多数车辆实载率的政策。

挑战与机遇并存。同年，父亲预退转岗，从驾驶员岗位上退下来，开始从事驾校教练的工作；因为线路改造，弟弟在机缘巧合下走上了驾驶员岗位，正式成为公司职工，算是接替了父亲的岗位；妹妹从卫校毕业，顺利分配到中心血站工作，生活也算暂时稳定下来。可以说，这一年，一家人面临困难，也迎来希望。

有稳定工作的张国利，在这样的环境下坚定了"服务无止境，创新到永远"的信念。

2004年，公司进行了大改革，政策再度发生变化：公车公营，线路回收。鉴于以往的优秀表现，张国利很荣幸地被公司选中，当上了新乡—洛阳线路的小组长。他用了几天时间，处理完自己家的客车，正式加入了公营车驾驶员行列，驾驶车牌号为豫G12682的公营车。

张国利跑洛阳线路六年有余，熟悉线路的各种情况，对与对方站务、交警、运管等单位的对接工作熟谙于心，和同线路的个体承包车主也经常打交道，是最合适的线路小组长的人选。但小组长的工作也并非想象中那样轻松：洛阳线路共有十二辆车，队伍相对庞大，要培训的同事很多，协调各部门的工作也更烦琐。除此之外，每天都需要及时掌握路上的动态信息，电话通知其他司机，每周还得将线路情况汇总报给车队长。

张国利分得清事情的轻重缓急，能处理的直接处理，不能处理的及时上报，等候协调，可以说这条线路上就没有张国利解决不了的事情。在他的带领下，洛阳线路的十二辆车，没有一辆耽误过发车。就这样，新运的口碑慢慢地在洛阳线路上打了出去，时间久了，经常出行这条线路的旅客宁愿多买两站也会优先选择坐新运的车。

自从当了这个小组长，张国利也深深感觉到这个职位带给自己的变化。成为小组长后，张国利工作更加细致了，做一件事之前会考虑更多的因素，不再一意孤行，与自己的同事相处得也更加融洽。

有一次，张国利往灵宝送退伍军人，因为是包车前往，返程没有乘客，按惯例，都是空车返回。回程前，张国利总觉得驾驶一辆空车返程有些浪费资源，就想着回程路过洛阳时再拉点乘客，这样不仅可以增加收入，也减少了其他客车的客运压力。

他果断拨通了洛阳站调度员的电话，询问调度员从洛阳站返回新乡的旅客人数，是否需要增援。结果现场调度说末班车现已发售车票数量接近超载数量，但是距离发车点还有一个小时，座位显然供不应求，车站已经在商议尽快停售车票以保证末班车不超载行驶以及防止乘客购票后无法乘车。听到这，张国利立刻申请前往增援，调度员上报后，申请得到了上级领导的批准，张国利马上转变路线，赶往洛阳车站。

晚上七点十分，张国利顺利到达洛阳车站。看到车站上仍在等待车辆的人群，张国利为自己一小时前的决定感到欣慰。

张国利满怀热情地打开车门，将四十名乘客安全送往目的地。看着他们兴高采烈地下车，张国利觉得这一趟"加班"跑得值了。

更令张国利没想到的是，在几天后的大会上，营运部的孔经理特意表扬他遇事果断处理、争取公司效益、不图名利、乐于奉献的精神。

领导的鼓励让张国利倍感荣幸，也更坚定了他用心工作的决心："要干就可劲儿干，要做就做到最好，要活就活出个样子。"这是父亲对张国利的期盼，也是张国利的座右铭。

公车公营前，客车因为破旧，跑不快，性能不高，严重制约着驾驶员的经济效益。现在的公车不一样了，全是新车，性能大大提高，乘坐的舒适度也明显提高，看着这些美观舒适的车，谁都愿意一试。一段时间下来，公司统计数据显示，客流量明显增加，为了合理安排每辆车的运载量，公司临时决定增加每天的班次。张国利的工作量也因此增加。平常暂且不说，周末或者节假日，张国利经常要加跑一趟洛阳来往新乡的班次，一天少说也要多跑八百公里，一年硬是跑出了以往两年的里程，大大提高了公司的运营效益。

就这样，张国利成为新运新晋的"拼命三郎"。

⊙ 出车途中，张国利细心观察路况，谨慎驾驶

党旗飘飘迎风展

"我志愿加入中国共产党……！"

公车公营时期，所有人都在热火朝天地干，从上到下，没有人拒绝，也没有人抱怨，所有人都相信国家的政策。正因如此，公车运营量逐渐增加，大家的工资待遇不断上调。

在这样的环境下，更重要的是奉献精神。

张国利真正做到了这一点。父辈的影响让张国利拥有了坚韧不拔的毅力，母亲的辛勤操劳让他懂得了时刻感恩，他牺牲了自己的身体健康以及陪伴家人的时间，全力奋战在岗位上。

有一次，张国利接了一个长途包车任务。和同事一起驾驶六天后，还没重新回到驾驶岗位，张国利感觉身体出了点状况。为了保障乘客的安全，他马上去看医生，拿到温度计一量，38摄氏度，他被强制休息。张国利在医院输了一整天的液。他躺在病床上，好像什么都做不了，身体上的疲惫让张国利深感无力，即便只是离岗一天，也让他愧疚不已。住院期间，家里人过来照顾他，领导也来看望他，都让他好好休息。那时候妻子还在760厂上班，下班后便急匆匆赶回家里煲汤，来不及吃饭，就带着刚煲好的汤到医院照顾他，给张国利提供营养保障。

也许是张国利身体素质过硬，也许是家人照顾得细致入微，很快，他的病就已经痊愈。他不愿浪费时间，带着父亲期许的目光重新返回了工作岗位，及时填补自己的空缺。认真、敬业、无私，同事们都敬佩他的精神，他说，是家人带给他无限动力，激发他奋斗和创造的力量。

2006年，公司的车辆越来越多、队伍越来越大，公司的经济收入也成功达到了年初制定的总目标。整个公司洋溢着生机勃勃的气息，满腔热血充满干劲儿的张国利，连公司领导也对他称赞有加。

这时，张国利申请入党后考察期也悄然过去，他成功加入了中国共产党！

"我志愿加入中国共产党，拥护党的纲领，遵守党的章程，履行党员义务，执行党的决定，严守党的纪律，保守党的秘密，对党忠诚，积极工作，为共产主义奋斗终身，随时准备为党和人民牺牲一切，永不叛党。"

庄严的宣誓词、鲜红的党旗，让张国利更加坚定了自己的信念：有目标，有方向，做事要有始有终；正直无私，时刻以党员标准要求自己；吃苦在前，享受在后，发扬"为民服务孺子牛、创新发展拓荒牛、艰苦奋斗老黄牛"的精神。他相信，未来的自己一定会比现在更好，更出色。

新乡市劳模

　　"优质服务，质量第一，顾客至上。"

　　2006年，是张国利值得骄傲的一年，这一年，他不仅加入了中国共产党，还获得了新乡市劳模称号。这个称号是对自己的鼓励，让大家了解了他工作以来的努力，也让人看到了长途客车驾驶员的不易。

　　但也许只有他自己才明白他到底有多努力，他的工作到底有多不容易。

　　在他的日记首页上，赫然写着这样几段话：

　　作为一名优秀的驾驶员，你须要做到：优质服务，质量第一，顾客至上。

　　首先，自觉加强对交通法律、法规和其他相关知识的学习，提高安全意识，树立安全行车思想，避免事故发生，保证国家、人民生命财产安全。健康的身体和心理是胜任工作的前提条件。每位驾驶员都应该按照营运的需求标准，树立讲卫生树新风的思想。

其次，在行车中遇到问题及时采取措施，当机立断，把损失降到最小。要求驾驶员具有较强的观察能力、预见能力、判断能力和应变能力，确保乘客安全、准时到达目的地。

再次，驾驶员须要提高服务意识，为乘客利益着想，履行岗位职责，认真遵守客运规章制度，有强烈的职业责任感，为乘客提供优质服务，出色完成运营任务。做到为转乘旅客提前联系到中转车，做到零换乘，为乘客节省时间，为乘客着想，利用网络平台，方便乘客出行。

最后，在每天的日常工作中：保持车容整洁、车况良好、服务设施齐全有效，注意自身形象，使用规范用语，礼貌待客，微笑服务，急他人之所急，想他人之所想。统一着装，干净利索；保持车内外卫生，发车前和收车后，用清水洗车，做到无水印、无泥点、无油污、无灰尘，保证车辆干净明亮。

2010年2月和6月，新运又相继开通新乡至焦作、新乡至鹤壁、新乡至安阳等城际公交线路。全新的车型、全新的经营理念、航空式的服务，让新运受到社会各界和群众的好评，为新乡市的城市建设增光添彩，为企业创造了良好的经济效益和社会效益。

这一年，是"新运人"振奋的一年，也是张国利作为"新运人"倍感自豪的一年，公司的创新和收获，有张国利默默付出的贡献。但张国利也有遗憾，他没能如愿参加第一届宇通杯全国客车驾驶员节油比赛。

因为业务繁忙，他经常无法参加训练，最终不得已放弃比赛。吃饭时，同事劝他参加这次比赛："你咋不去呢？这次的比赛你的技能完全符合，而且你一直很珍惜这次比赛的机会。"领导也找到他劝说了一番，但是他说，比赛可以下次参加，但是工作不能耽误，出车任务不能推卸，少出一辆车，就会多几十个人不能按时到家，而少参加一次比赛，只是自己一人少了个荣誉。听完张国利的理由，领导叹了口气："行，你决定好了就行，这次的包车你好好干，下次比赛，一定抽出时间参加！"

这就是劳模张国利，全心全意为人民服务，讲奉献，树立正确的价值观。日常工作中，他坚持服从调度安排，不挑肥拣瘦，不论组织安排什么工作，他都认真完成。作为党员，他时刻严格要求自己，自觉在艰苦岗位和急难险重任务中接受党性锻炼、提升人生境界，始终保持对工作高度的责任感，发挥党员先锋模范作用。

⊙ 发车前，张国利细心清洁客车

⊙ 收车后，张国利（左）和同事一起检查发动机

驾驶不辍，安全不已

"一步一步慢慢回吧！"

2010年，张国利接到了一次包车任务，将旅客从河南送到西安。完成任务后，张国利经过休息调整正要返回河南，突然又接到任务，要求他不用返回新乡，而是空车到四川自贡板桥镇接一车旅客。上级指令一下达，张国利和搭班的同事稍作休整后就重新出发了，车在秦岭的隧道中穿梭，他们轮流驾驶，三天三夜后终于到达自贡板桥镇。

对方见到他们的车，直夸他们敬业、快速，张国利感觉累点儿也值得。趁着乘客上车的工夫，张国利休息了一会儿，然后准备驾驶返程。正在这时，收到新的指示，这伙客人转变路线，赶往山东青岛。张国利查了下导航，这才发现从四川到山东单程就有近两千公里！

漫漫长路，怎么走？搭班驾驶员问张国利，张国利安慰道："一步一步慢慢回吧！不行路上勤换换，多备水和食物，尽量减少长时间停车，保持车辆匀速，多沟通。"

就这样，又是一趟三天三夜，车终于停在了青岛，最后一位客人拿走行李的那一刻，两个驾驶员好像身体都散掉了，也终于如释重负，好好洗了个澡吃了顿饭，舒舒服服睡了一觉才开始返程。

在长期高强度的驾驶任务中，张国利总结了一些具体的方法来避免自己疲劳驾驶。

第一，停车时定上闹钟，驾驶四小时后睡上二十分钟，或者不停车搭班同事开车，自己在车上睡。

第二，人的精力是有限的，远距离跋涉，当然首先要准备好吃的喝的，花椒、辣椒、大蒜、瓜子、花生，或者是功能饮料等，都能短暂抵挡困意。

第三，最有效的方法是避免长时间驾驶，有计划地在高速服务区停留，下车活动活动，检查一下车况。

除了疲劳驾驶的问题，在日常的驾驶工作中，还会遇到一些比较紧急的情况。

2007年夏天，张国利接到从新乡到洛阳栾川白云山的包车任务。旅途前段的路况一切正常，经过一上午的车程，车辆终于进入了最后一段路。因为目的地在山上，所以会经过一段弯曲陡峭的盘山路，在山上绕来绕去，才能到达目的地。

道路狭窄加上对路况不熟悉，颇有驾驶经验的张国利也放慢了行驶速度，全神贯注驾驶。

突然，前方不远处有小石子掉落。经验丰富的张国利判断，附近山上肯定有山体松动，很大可能会有山体滑坡的危险。张国利不敢犹豫，观察了对面和前后方的车辆，提醒乘客系好安全带后，果断地踩下油门，快速通过危险路段。

说时迟，那时快，车身刚刚过去，就听见后边轰隆轰隆几声巨响！从后视镜望去，张国利发现山上真的滚落了几块巨石。当时一车人都倒吸口凉气，不断夸赞驾驶员胆大心细，技术过硬。张国利也暗暗心惊，真的离遇险只差了一点点，所以开车不能马虎，要细心观察，随机应变，安全牢记心间。

还有一次是在内蒙古包车返回途中，突降暴雪，路面很快变得湿滑，如果继续通行肯定会有很大的风险。正巧到了一个出口，高速上的交警也正在省界区域指挥，让过往的车辆分流下高速，张国利的车被截下了高速。

高速走不成了，只能走国道。但是，山路加上冰雪，道路非常不好走。一路上天寒地冻，步步惊心，步步惊险，如履薄冰，每一段路都必须小心翼翼，车上的乘客也不断提醒张国利小心点儿，慢慢来。

这段路真的太难走了！

车行至武乡境内，在一个大上坡紧接着拐弯下坡时，堵车了，所有的车辆都靠边停车。张国利下车查看，路况非常不好，甚至有路面结冰的情况，旁边的车辆都不敢通行。但是张国利不能一直停车等待，返程前单位特地联系他们说这趟车还有班车任务，务必速回。

包车任务遭遇堵车现场，怎么办？

颇有经验的张国利一会儿就想出了一个好办法。他号召其他

⊙ 发车前的张国利

⊙ 节假日，张国利在宝泉景区转运乘客

驾驶员一起，手刨、脚踹、往路上撒碎土石子，车上有盐的就多撒点儿盐，尤其是下坡拐弯路段，用尽一切办法清除冰块。努力一番后，滞留的车队缓缓启动，他深吸一口气，驾驶车辆缓慢前行。爬上坡顶，旁边的同事和满车的客人都激动万分。可还没来得及高兴，张国利就看到了下坡拐弯处白亮白亮的结冰路段。

"不好！"张国利心里咯噔一下。他平复心跳，快速冷静下来，转身对旁边的同事说："把发动机冷却液放掉吧！"

同事并没有理解他的意思，张国利解释道，现在车辆需要下坡还有个弯道，危险系数太高，必须借助发动机的高温防冻冷却液融化部分路面结冰，才能通过这个弯道，只要顺利拐过这个弯，就能看到服务站，到时候再给车加防冻冷却液也不会受影响。

滚烫的液体从车尾部流下了弯道，好在冰雪还不是很厚，液体流过，冰雪瞬间融化，顺着拐弯坡道流下。他们终于看到了黑黑的柏油路面！张国利看时机已到，毫不犹豫地行驶过去，不一会儿就到了山下服务区。张国利赶紧停下车，重新加注了防冻冷却液，车总算"活"了过来。

因为张国利在前方开路，后边的车辆也陆续跟了上来。张国利的做法，给后边车辆提供了一条思路，帮助了这条路上被堵住的车队。这次经历也让他更加明白，作为一名客车驾驶员，不仅要勤于观察，善于总结，不断进步，还要有责任心，敢于担当，乐于奉献。

这次的包车旅途，为张国利以后的工作积累了非常宝贵的实战经验，也为他将来的努力方向埋下了伏笔。

儿子成长的领路人

　　　　　　"一车乘客的安全呢，司机会非常重视的，放心吧！"

　　张国利的工作异常繁忙，不过如果有机会，他也会开车带儿子跟车出游。

　　有一次，张国利接了包车送乘客到北京的任务。统计完乘客人数，他惊喜地发现车上正好还剩下一个座位。机会难得，张国利想带着妻子或者儿子去一趟北京。和妻子商量后，他们最终决定先让放暑假的儿子出去看看。

　　那趟车是晚上出发，儿子和乘客们上车后都在车上美美地睡了一觉。第二天一早，儿子醒来发现父亲还在认真地驾驶车辆。张国利感觉到儿子在注视自己，好像有什么话要对自己说，但不知为何迟迟没有开口，因为还在驾驶，他也没有和儿子交流。

　　终于到了望京服务区，刚通知完乘客可以下车休息十五分钟，儿子就急匆匆地过来，对张国利说："爸，你困吗？要不要睡会儿？"张国利感觉很欣慰，自己的儿子也会体谅父亲了。

　　"爸爸很高兴你能这样想，但是儿子，"他摸了摸儿子的头，耐心地向儿子讲解道，"爸爸告诉你，身为一名司机，除备足所需的物品外，开车中一定要确保自己全程集中精力，况且我们有两个司机，可以轮流开车间歇休息，一车乘客的安全呢，司机会非常重视的，放心吧！"儿子似懂非懂地点了点头。

到了北京后，趁着乘客开会的工夫，张国利领着儿子在北京好好地转了转，看了天安门，去了毛主席纪念堂，还去了一趟故宫，爬了香山，吃了几道特色美食。正好遇上《星光大道》的录制时间，张国利特地买了两张门票，带着儿子体验了一把中央电视台的节目录制过程。

儿子非常高兴，直言到时候一定要考入北京的院校，再一次好好感受这里的氛围。

这几天时间里，儿子和张国利畅所欲言，一路都在滔滔不绝地讲他在学校的故事，讲每个老师的故事，讲他对社会的认识，讲他对父亲的感受。平常没说的话、没交流的事情，都在这趟旅途中说了出来。张国利说，如果不是行程结束得早，他怀疑儿子连喜欢的女同学是谁都会讲出来了。也是那段时间，张国利真正感受到妻子这些年对儿子的辛苦教导，孩子虽然缺少父亲的陪伴，但他依然善良、勇敢、敢于决断，是一个很优秀的小男子汉！

从北京回来后，儿子比起之前有了明显的进步，也更加成熟了，小升初更是以优异的成绩考入了市二十二中学，妻子因为这件事对张国利赞不绝口，每次提到都说，让儿子出去真的太对了。

春运大潮，冲锋在前

"以后不管什么时候用车，我们都认您！"

2011年1月，张国利接到一个新的包车任务，但这个任务让他一下子蒙了。因为这次是六十天外包，全程一个人驾驶，路程是全国各地。他只知道要先去一趟濮阳，剩下的路程，时间未定，线路未定，人员也未定。

跑了一趟后，张国利终于明白，这原来就是最为艰巨的春运任务，上车的都是农民工，一年只能回家这一次，火车票又很难抢，只能选择一起包车，这样不用费尽心思去抢票，也会更快到家。了解清楚情况后，张国利对接下来的行程反而很是期待，送人回家本就是他的责任，接送这些辛苦了一年甚至好几年的农民工兄弟，他更有热情。大家挣钱都不容易，能尽一分力就尽一分力。

开车，倒头睡觉，再开车，再倒头睡觉。两个月，六十天的包车，累计行程六万五千公里，相当于从新乡出发，跑了三百三十余趟洛阳，一百余趟北京。工作如稼穑，勤耕致丰饶。辛苦的工作也带来了可观的收入，两个月包车，张国利一共为公司创收十万余元。

自那开始，每年的春运张国利都会把接送农民工当作主要任务。因为他开车技术好，人也善良，好多乘客变成了熟客。张国利每次都会笑眯眯地看着大家上车下车，乘客问问题也从来不会拒绝。他懂得多，大家也都愿意相信他。

用车单位的负责同志无不感动地对张国利说："什么地方的车我们都包过，什么样的人我们都打过交道，别人都是想方设法提条件，总是嫌招待不周，像您这样脾气好、技术精的师傅，真的很难得！坐您车，平稳、舒服、安心，以后不管什么时候用车，我们都认您！"

有一段路让张国利印象深刻。

每年腊月二十，张国利会留下一段时间专程去海南东方市电厂把长垣县的老乡接回家过年，年后过完正月十五，再把他们送回海南。整个行程来回要五天四夜，往返四千多公里，横跨湖北、湖南、广西、广东，中途还要将车开到轮船上渡过琼州海峡到海口，再行进几百公里才能到达目的地。包车任务对驾驶员要求高，年龄、经验、导航应用，驾驶员都得过关，还要适应南北两地的不同气候，穿着大棉袄从新乡出发，过了两湖两广，身上却脱得只剩下短袖。

但是张国利非常擅长苦中作乐。路上，他和老乡一起吃饭一起休息，兴致来了还会唱几首歌助兴，大大缓解了张国利驾驶路上的疲劳；回程时，他会特地捎点儿海南特产带给妻儿，送给亲戚。想着幸福的生活，看着乘客安全到家，亲人相聚，张国利十

⊙ 张国利静静等候乘客上车

分快乐，也忘了连日来的辛苦。

张国利也经常去东北接农民工回家。

那一次，他去黑龙江北安市接农民工，就在赶去的路上，突然遇到了暴雪，这时候离目的地还有一段路程。因为积雪深厚，路上的车辆行驶得非常缓慢，哪怕是在高速上，速度也不敢超过每小时八十公里。就这样一点点挪到北安市，比预计时间晚了一天。

张国利非常着急，生怕大家等的时间太长。果不其然，到了目的地后，张国利远远发现约定地点蹲着很多人，他连忙叫醒搭档，招呼乘客赶紧上车。原来，乘客见司机师傅没到，害怕错过班车，就一直在约定地点等着他们。

气温足有零下三十摄氏度，每个人都裹着厚厚的棉服，但是都不肯离开。看见一个个朴实的乡亲，张国利下定决心下次宁肯自己等乡亲们，也不让乡亲们等车了。

路程横跨东北三省，经过山海关，又经河北、天津、山东，最终抵达河南，整个行程足足五千公里！将乡亲们安全送到家的那一刻，张国利感到了前所未有的轻松和愉悦，有的乡亲还非要留下他们在家吃顿饭再走，张国利笑着连连拒绝，紧忙跳上车就走了。

积累经验，精益求精

日子悄悄度过，一年一年地重复着。一趟趟的旅程看起来索然无味，但对于张国利来说，每一次的出行都是一次宝贵的经历。

休息的时候，他就会趁着零碎的时间及时更新自己的行车日志，从不间断。从千禧年开始写行车日志，直到今天，张国利一直坚持着这个良好的习惯。

张国利的行车日志上，记录着路上的点点滴滴，记录着每天的喜怒哀乐，记录着途中遇到的暖心乘客，也记录着行车途中遇到的困惑，记录着各地的风土人情和特色，也记录着行程途中对父母、妻儿的想念。当然，更重要的是对行车的记录，收车后，他会做一次简短总结，车况良好，或是有什么故障，车辆的保养时间，包车的路线选择，人文事务，等等，无不和工作息息相关。等过段时间回看日志时，他会倍感幸福快乐，感觉收获满满。儿子也喜欢翻看父亲的行车日志，那就像是一本游记，展示着父亲的足迹。

包车不仅要求驾驶员身体好、有干劲儿，还要求驾驶员有过硬的驾驶技术，因为技术的好坏直接影响汽车是否能安全行驶。

要有正确的操作，做到手脚动作密切配合、互相协调、车辆匀速，合理变速时油门、离合器配合适当，刹车运用得当。

在行车中正确处理人、车、气候、路况、环境之间的关系，正确分析判断外界各种信息来采取相应措施，避免危险发生。

"安全驾驶"这四个字说起来容易，做起来却是非常不易。只要在路上行车，我们就要遵守交规，礼让三先。

驾驶员时刻要做到：不疲劳、不酒驾、不超员、不超速，平稳驾驶，遵章守法。

在家与亲人和睦相处，高高兴兴出车，保持良好状态。

车辆要做到：车外整洁，发动机正常，转向系统、刹车系统、火控系统正常，车内设施良好。

平时要注意道路分类，不同道路限速多少，要心中有数。

对不同天气要有不同的处理情况，雨、雪、大风、冰雹、雾霾等不同天气都有详细规定车速，如因天气情况恶劣，可请示停班。

......

连续十多年的春运包车，张国利总是主动要求驾驶时间最长的包车，去最远的地方。他不怕苦不怕累，加上领导信任，他干劲儿十足。

日复一日，年复一年，在为祖国交通事业效力的荣誉感的驱使下，实现自我的"汽车梦"已成为张国利的毕生追求、职业使命。从修理工做起，跟师傅学、翻书本看到上车做乘务员，他逐渐熟悉路线，在工作中磨炼，在岗位上苦练，不忘入行初心，在工作中不断成长。经过多年磨砺，他已经熟练地掌握了汽车修理技术，熟知线路的风土人情，可以自由地驰骋在祖国的大地上。

第四章　驾驶路上学习的榜样

旧车伯乐老师傅

"大家都挑好的，那这些稍微差一点儿的又有谁要呢？"

老师傅是新乡地区汽运公司客车三队的特级驾驶员，他的一生都没有离开最心爱的客车，可以说与客车有着不解之缘。

按理说，大家都喜欢锃光发亮、功能系统齐全的新车，这样的车开出去好看又能跑得快。老师傅呢，专挑旧车。最初调到公司，领导让老师傅先挑车，他就专门挑了一辆老掉牙的"吉姆西"，当时旁边的人都劝他挑个好点儿的车，但是老师傅不愿意。他说："大家都挑好的，那这些稍微差一点儿的又有谁要呢？"让别人开旧车，老师傅心里不是滋味，所以他坚持自己开旧车。旁边的人都感觉老师傅在说笑，认为这辆车开不了多久就要报废。令人没想到的是，老师傅挑车后没多久，这辆"一去二三里，抛锚四五回，停修六七次，八九十人推"的"老爷车"，居然"起死回生，返老还童"了。

好奇的同事打听后才了解到，老师傅对这辆车感情极深，对它像对待自己的孩子一样细心——每次出车前他都会检查车辆，生怕哪个零件有什么问题；平常擦车时他也总是自己动手，不愿让别人效劳，老师傅说这样可以让自己切实了解车子的情况。渐渐地，老师傅硬是靠自己的双手摸出了"老爷车"的规律，熟知哪个螺丝该换了，轮胎的保养时间还有多久。数九寒天，老师傅怕发动机冻坏，常把自己的棉大衣盖在百叶箱上；等到酷暑盛夏，他又怕停车状态下轮胎被晒着，每次都尽量把车停在阴凉的地方，如果实在因为条件的限制把车停在了太阳底下，老师傅就脱下自己的衣服，盖在轮胎上为它遮凉。一段时间下来，同事们发现这辆最不起眼的小破车反而成了公司里最耐用的一辆。

除了自己的"新"车，老师傅对停车场也非常感兴趣。不是因为里边有各种各样的高档车，而是因为这里有故障车，那些车吸引着老师傅的注意。在老师傅看来，车是有生命的，只有保养好了，把车"伺候"到位了，才能保证车上每个人都平平安安地回家，所以老师傅经常念叨着车辆定期检查非常重要，有问题要及时修理，一定不能耽误。老师傅不仅细心保养自己的车，对于别人甚至是陌生人的车，维护起来也毫不含糊。

1984年的秋天，来自山东聊城的"解放"牌汽车"病"在了停车场。恰好这时老师傅路过，看见司机蹲在车旁闷闷不乐的，老师傅询问他原因，原来是修车的工人今天去了外地，其他的工人并不会修理这种故障，要司机明天再过来维修。但是司机明天一大早便要出车送货，时间完全来不及。老师傅听完，二话没说便帮助司机修理这辆故障车。这辆车的问题比较复杂，他们俩直到中午下班时还是没有完全修好，司机都要放弃了。下午五点钟，老师傅出车回来，顾不上吃饭，马不停蹄地赶到停车场，一直忙到深夜，终于把车修好了。司机实在过意不去，非要拉着老师傅上街吃饭，老师傅却风轻云淡地说："放心开吧，咱都是同行，没啥。"时隔三天，司机从外地回来，特地提着礼物来老师傅家拜访，要好好谢谢老师傅那天的帮助，老师傅把他请进了门，却让他把礼物原封不动地拿回去，他说，我可不是为了这。

其实不单单是同行，不管谁的困难，只要遇上老师傅，那就是小事，保证被安排得妥妥当当的。老师傅一生为别人做过多少件好事，连他自己也记不清。

他会在所有人都站稳后才发车，还一边叮嘱乘客要坐稳扶好，每一趟都不曾耽误，乘客们总说："这个司机真细心啊！"

看见行动不便的老大娘，老师傅准会起身，甚至直接半跪下，让大娘踩着自己的腿上车，乘客们被感动了，直说"真是个好人啊，谁见过这样的老司机？"

送一位烫成重伤的青年迅速前往医院，他及时做出决断，破例要求旅客只下不上，把压力都放到自己身上，乘客们又说："这个司机做对了，孩子真遇到好人了！"

每当这时，他总是说："出门人，难啊，能帮到大家就帮一点儿吧，都挺不容易的。"

老师傅是一名光荣的共产党员、节油标兵。他这一生的荣誉不计其数：总运行里程达131万公里，全国交通系统中三十多年的劳动模范；1979年获得安全百日赛奖章，1981年荣获省公司"红旗车驾驶员"称号，那闪闪发光的十八枚奖章，同毛主席、周总理的两幅合照……如此光鲜亮丽的成绩都不足以概括老师傅的一生，事实上，老师傅还做了更多更多的事情……

老师傅的名字叫兰富贵。时隔多年，每每想起老师傅，张国利的心里都会油然产生敬佩之情。

除此之外，著名的优秀汽车驾驶员钱德望、肖培俊、谢佳波、常合太、何文生等，都是张国利驾驶路上学习的榜样。他们用自己的亲身经历诠释着职业的责任和担当。这些人物和事迹激励着张国利不断提升自己，成为真正的"好司机"。

第五章　奋进时代的"活雷锋"

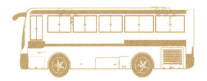

工作中的好师傅

"坐您的车很开心，看着您的微笑，一天的坏心情都消散了。"

谈起张国利工作时做过的好事，同事们说，你看看他办公室的锦旗就知道了。

那些锦旗里，全是令人动容的故事，其中有三面锦旗，张国利至今记忆犹新。

第一面锦旗，是濮阳的故事。

有一次行车到濮阳站，乘客们都下车了，按工作流程，这个时候司机要巡视一周，看看乘客有什么遗落的物品。还真让张国利发现了一个被粗心大意的乘客遗落的物品。这是一个棕色的钱包，打开一看，里边竟然有多张银行卡和几百元现金，还有一张新乡至濮阳的车票，好像啥都有，就是没有钱包主人的联系方式。张国利心想，这也没什么办法，只能等了。向上级领导说明了情况后，张国利没有简单地把钱包交到别人手里，也没有离开驾驶座，而是一直在车上等失主来寻钱包。

功夫不负有心人，那天还真让他等到了。大概两个小时后，一名中年男性慌慌张张地来到车上，再三确认车牌后跑上了车，见只有张国利一个人，很惊奇，问道："师傅，你还在呢。你看见一个钱包了吗？棕色的。哎哟，我到家才发现，可给我急得……"张国利问他里边都有什么，他都一一对上了。确认无误后，张国利才把钱包交到了失主的手里。失主拿着钱包特别感动，再三感谢，又想请张国利吃个饭，张国利拒绝了，说自己还要再出一班车。

没想到几天后，失主定制了一面锦旗送到了张国利的办公室，同事们这才知道他做的这件好事，都夸他拾金不昧，是个好司机。失主笑着说："也是凑巧，我正好在学雷锋日遇到了张师傅，多亏了张师傅啊，张师傅绝对是雷锋式的好司机。"自那以后，张国利的绰号便传开了，乘客们都开始亲切地叫他"新濮线上的活雷锋"。

第二面锦旗是一个小伙子的故事。

那是几年前的3月，张国利像往常一样出车。当时所有的出车准备已经完成，正准备发车时，旁边的一个焦作小伙子突然在座位上抽搐，张国利急忙上前查看，乘客们都说好像是羊痫风发作。

这可耽误不得，张国利和队上的驾驶员李四清，一人拨打救助电话说明情况，另一人尝试与小伙子对话，询问身体情况，努力让小伙子保持清醒。

5分钟后，120及时赶来，医生说所幸救援求助及时，小伙子暂无大碍。张国利和同事一路陪着小伙子在医院就医，等情况差不多稳定了他们才返回公司继续工作。

事后，小伙子送来一面锦旗后才回了焦作。

第三面锦旗，是一位老大爷的故事。

那天，张国利办完自己班车的交接手续准备休息时，路过办事厅，发现一位老大爷很着急地询问工作人员什么事情。出于职业习惯，张国利走过去了解情况。

原来，大爷刚从一辆大巴车上下来，走了一段路才发现行李忘记拿了，但是现在找不到车辆，车估计已经开走了。大爷十分着急，生怕自己的行李丢了。

大概了解情况、问清楚班次后，张国利立刻拨通了那辆车司机的电话，询问后知道车还没有走远，连忙调动附近的车次顺路捎回大爷的行李。没多久，载着大爷行李的车顺利进站，老大爷如愿拿到了他的行李。大爷说多亏了张师傅啊，靠自己的嘴什么也说不清楚，真不知道什么时候才能找回自己的东西。

这样的事情还有很多。

2011年11月的一天下午，6点多钟，张国利出车回到车站，正在休息等待下一班车发车，一位工作人员急匆匆地赶来，说是有一位乘客有件急事要尽快回到新乡，但现在还在赶往车站的路

⊙ 张国利热心地为旅客系上安全带

⊙ 张国利热心地帮助旅客装包裹

上，适逢下班时间加上突降大雪，路上有些拥堵，他害怕赶不上回去的末班车，希望工作人员能联系上新乡的司机师傅看看能不能有一辆车延迟一会儿发车。张国利明白，这个乘客也是十分紧急才提出了这个请求。

得知情况后，张国利没有任何犹豫，立即让公司先安排其他车辆先行，自己则继续留在车站。末班发车时间已过，张国利和他的车依旧在大雪中等待。二十分钟后，十几位乘客匆匆赶来，原来他们也是因为天气原因耽误了行程，本以为已经没有车了，只是来碰碰运气，没想到真赶上了。见到仍等在原地的师傅，他们非常激动，连声感谢！又等了几分钟，那位打电话的乘客冒着大雪飞奔而来，看到张国利后首先放下行李，握着张国利的手连连感谢，直言是张国利救了他啊。这一趟延后出车让张国利感觉值了，乘客们冒着风雪来到这里，乘坐张国利的车按计划回到各自温暖的家。延后自己的回家时间，给二十几个家庭送去快乐，张国利觉得不亏！

对他人的求助，张国利有求必应，绝不含糊。凭借一直以来的观察以及从众位师傅那里学到的经验，张国利有着超越其他人的敏锐，对车上的每一件事都了如指掌。每次乘客上下车时，张国利都会提醒小心慢行，抓好扶手，只要有一个乘客没有坐到位置上，车就不会被启动。每次车到站开关门时，他也是时时刻刻盯着摄像头，避免出现乘客未能及时下车的情况。有时他还能准确说出乘客的目的地，到站时及时提醒，乘客们一坐上张国利的车，几乎什么都不用操心，就能顺顺利利到达想去的地方。

不管是不是自己车上的事情，只要看见什么人有困难，张国利一定会放下自己的事情转而帮助他人。张国利所在的公交车上常年挂着一个本子，名为"意见本"，乘客有什么建议和意见都能写在上面，本子换了一本又一本，但却没有一条"意见"——

"坐您的车很开心，看着您的微笑，一天的坏心情都消散了。"

"张师傅今天开车很稳。"

"小张扶我上车了，谢谢小张。"

"今天向张师傅借了一把雨伞，很感谢。"

……

一名乘客还专门通过服务热线为张国利留言："都说'雷锋出差一千里，好事做了一火车'，张师傅则做到了'国利出车三百里，好事做了一客车'。"张国利笑呵呵地说："出门在外大家都不容易，能帮就帮一点儿，尤其是一些老人小孩更需要帮助，我其实也没做什么，就是尽最大努力多搭把手，每次看到他们兴高采烈地回家，我都感觉自己出车更加有力气。"

汶川地震伸出援手

现在回想起来，他依然感觉很遗憾。

2008年，汶川大地震突如其来，击溃了万千家庭。

那天，张国利正出车前往焦作，下午两点多，他们这辆车正巧经过收费站，当时他只觉得车辆有点儿摇晃，也没有在意，就继续在高速路上行驶。但是跑了一段，车辆晃动得更加剧烈，他赶紧把车停在路边，立即提醒车上的乘客注意安全。还好此时在野外，离市区有一段距离，附近没有什么高大的建筑物。张国利立刻给家里打电话，知道父母妻子那边都有点儿震感，但现在还不知道具体怎么回事。叮嘱亲人们注意安全后，张国利原地待命，想等情况明确了再出发。

过了一会儿，地面停止了震动，大家长舒一口气。又等待了一会儿，看着没有什么动静，张国利立刻开车前往目的地，虽然偶尔还有一点儿震感，但已经没有之前那么强烈。一路上，张国利非常警惕，几个小时后，终于安全地把乘客送到终点站。

乘客下车后，纷纷打开手机或跑到车站工作台查看消息，才知道汶川发生了大地震。张国利在河南都感受到了如此强烈的震感，不敢想象汶川当地是怎样的情景。

面对这种情况，张国利积极响应政府号召，主动报名前往汶川救灾。一切准备就绪，张国利按指示出发。车辆行驶到西安时，张国利接到了上级通知，因为前方人员过多，加之路况受损拥堵，不再派车辆前往汶川。无奈之下，他们只能从西安原路返回。现在回想起来，他依然感觉很遗憾，没能为灾区人民尽一分自己的力量。

回到单位后，看到新闻报道里各级政府前往四川救灾，民间团体救援队先后奔赴现场，时任国务院总理的温家宝同志也亲临四川查看灾情，张国利更感觉自己需要做些什么，和妻子商量后，他们认为这个时候灾区最缺的除了人力便是资金和衣物，所以捐助这些绝对不会出错。

但一个人的力量过于微小，第二天，张国利便到公司号召大家一起行动起来。这个倡议得到了大家的积极响应，大家有钱拿钱、有物捐物，最后一共筹集了16 000多元，还有不少衣服、食品、药物之类的必需品。

随后，公司组织大家捐款，张国利第一个报名。之后的每一天，他都和同事一起密切关注灾区信息。一周后，张国利又和同事一起组织了第二次捐款。

暴雨中的逆行者

"为人民服务,我愿意!"

2021年7月,雨水不似以往那样轻柔,天上就像有个装满水的大盆倒扣过来一样,只十几分钟便淹没了地上的小草。

一场洪灾侵袭郑州等地,新乡也受灾严重。

7月19日,接近午夜,雨水绕过人们给它设定的层层障碍,漫过了地下室的窗户,冲进了楼道。张国利所在的小区突然停电,四周变得无比黑暗。那一刻,仿佛所有人都站在茫茫孤岛上,深深的恐惧和无助袭来,耳边只听得见雨声。

第二天,安顿好妻儿,张国利就加入了救援的队伍中。

他救援的区域是卫河边,刚到那里便听见有人呼叫,张国利和同事立刻穿好救援衣,穿过雨幕加入保卫卫河的战斗中。救援过程中,他感到一根刺划过他的赤脚,但他来不及处理,继续投入战斗。随着时间的流逝,参与救援的人越来越多,大家一起喊着号子把白色沙袋码成新的堤岸,一起抬沙袋,一起寻找幸存者。大家不知道彼此的姓名,只是埋头苦干,互相照料。在灾难面前，每个人都很渺小，但大家团结起来就形成了一股巨大的力量。很多党员干部和人民子弟兵一如既往地冲在前面，一些平日里默默无闻、与世无争的人也积极加入抗洪一线。

7月21日，晚上11点多，张国利接到公司紧急下达的指令：因大雨路阻，电力工人需要的一些配件未能及时送达，车库也面临被淹的风险，需要人员火速前往车站协助办理相关事项并运送电机。听到这个消息后，张国利立刻穿戴整齐，和家人交代一声后便一头扎进了密集的大雨中。

张国利和同事王东升、贾宏文、赵俊祥以及公司常务副总、车站李站长一起，参加了本次运输电机的救援任务。他们蹚过齐腰的雨水，不断摸索着路段情况，小心应对突发情况。这次的工作一直持续到凌晨3点，虽然艰难，但在大家齐心协力的努力下，还是很顺利地完成了任务。再次蹚过雨水，张国利凌晨4点才回到家中休息。

妻子心疼极了，张国利劝慰妻子说："为人民服务，我愿意！不用为我担心，我一定会照顾好自己。"

22日早7点，一阵电话铃声把张国利从梦中惊醒，车站再次告急！因为雨势过大，负责公司运行的配电室被淹。情况十分危急，实在不能再浪费时间，张国利选择开车涉过积水一米有余的街道，去购买总站配电房所需的发电机、抽水泵和抽水管。一路上张国利都十分小心，生怕车辆因为涉水过深而熄火，如果熄火，就只能停在路上动弹不得，任务也会因此延误。经过不懈努力，所需物品运输到位，张国利才发现自己浑身湿透。顾不得擦拭，他转身投入下一个任务，努力帮助公司把损失降到最低。

在7月30日的日志里，张国利写道，新乡救援转移受灾群众工作于7月29日结束，全市进入灾后恢复重建阶段，因灾停运的170个班次线路大部分已恢复运营。

经过短暂休整，张国利准备投入复工复产工作中。

7月31日，正在为复工复产做准备的张国利又一次接到新任务，前往重灾区寺庄顶村开展救援，摆渡受困群众。

接到救援任务，所有人再次忙碌起来。张国利的工作就是组织协调公司的车辆，从卫辉转运十五万受灾群众。当时整个卫辉市区被山洪淹没了，地势低的地方水深超过三米，地势高的地方水深也有近两米，卫辉市区内几乎所有的平房和楼房一层都浸泡在水里，受灾群众只能靠皮划艇和大型推土机转运才能到达安全的地方。

因为灾情严重，张国利三天两夜都没有好好休息，和同事一起转运受灾群众安全撤离，把他们安排到受灾较轻的县区、学校、宾馆和政府设置的救助点。每当看到衣着单薄的受灾群众走到车前，张国利的眼泪就止不住地流，这场灾难影响了太多人的正常生活，有些家庭的成员因为所处位置分散，增加了救援难度和时间。身为志愿者，他们也只能见一个救一个，争分夺秒，力图救出全部群众。志愿者们不断给受灾群众发放衣服、面包和热水，并且赶紧安排他们上车，提醒他们注意补水保暖。

当时参加救援的指挥调度人员共30人，大巴车共200辆，全体驾驶员连轴转，根本停不下来。越到后面越是艰难，受灾群众如潮水一般涌来，但新运的车队没有被冲垮，救援工作依旧有条不紊地进行着。

一天后，救援任务圆满完成，参与救援的指挥员、调度员、驾驶员、补给员，还有现场政府各部门的协调员，每个人都疲惫不堪，但他们内心是满足的，大家很有成就感。

⊙ 张国利驾驶的长途客车准备发车

第六章　新征程上再出发

勤学苦练，再创佳绩

"能拿第一，决不当第二！"

2011年9月，新乡市第四届驾驶员技能比赛如期举办，这一次张国利终于如愿参加。

2011年8月底，单位工会主席打来电话，询问张国利要不要参加比赛，如果参加，单位可以提供场地集训。张国利当时就想，这次就去吧，上次有事就没去成，挺遗憾的。

既然决定参赛，那就奔着第一去！

协调完工作，张国利马上和三名同事一起来到了临时租用的场地集训。这个地方还是向附近驾校租借的，只能在这里集训三天。在这三天里，张国利和一起训练的同事同吃同住，互相学习，共同进步，秉着一人获胜全队光荣的信念，有什么比赛的诀窍大家都会拿出来共同分享。尽管训练的时间很短，但他们几个进步都非常大。大家目标高度一致：能拿第一，决不当第二！

比赛当天，因为张国利是第一个参赛的选手，他受邀代表比赛选手进行承诺发言。时至今日，张国利依然记得当时上台的紧张，这种紧张和开车不一样，下面那么多人都盯着看，他生怕自己会说错什么话，这种感觉和上学时转入新班级时的感觉很相似。但他同时又有点儿兴奋，这是荣誉啊！所以即便是一次讲话，张国利也精心准备，丝毫不敢怠慢。

张国利讲完话，新乡市总工会主席亲自上台嘱咐选手：要沉着冷静，赛出成绩！比赛开始了，张国利还是特别紧张，没办法，他努力回忆领导们的嘱咐，在心里不断安慰自己，这样下来真的好了很多，在比赛的过程中他的心态逐渐放松。

得益于日积月累的驾驶经验和一丝不苟的训练，张国利发挥稳定，如愿以偿获得了第一名的好成绩！领导亲自为张国利颁发了市五一劳动奖章以及荣誉证书，他终于如愿参加了比赛，并取得了优异的成绩。

从这以后，荣誉接踵而至，见证着张国利的用心付出。

2012年2月，张国利被授予新乡市交通运输系统"十大标兵"称号和"河南省技术能手"称号；

2013年3月，张国利被河南省交通运输厅、河南省交通工会授予河南省交通运输系统"学雷锋先进个人"称号；

2013年12月，张国利被新乡市总工会、新乡市人力资源和社会保障局授予"新乡市首席员工"称号。

获得荣誉离不开领导的信任和重视，离不开同事的相互协作，离不开父辈的教导。张国利明白，此时的荣誉不代表永远，如今的他正处壮年，正是要一展宏图、大放光彩的时期，如果安于现状，将会辜负父亲和师傅们的教导，也会辜负领导的信任和同事的帮助，于是，张国利把自己一直牢记于心的行车准则再一次抄写在自己最珍贵的行车日志中：

> 安全是客运的生命，服务是客运的灵魂。
>
> 每天出车前，做好一切准备，检票，安放行李，告知乘客此行目的地、运行时间、中途停靠的站点，提醒每位乘客系好安全带、路上注意事宜，再发车；
>
> 行驶中，注意自身责任意识培养，改善驾驶陋习，规避行车风险，熟悉车辆各方面运作原理，以达到车辆最佳运行状态，不断提高判断力、避险能力，开车过程中要随时掌握车况、路况、车流及路标提示，提前做出准确判断，控制车速、车距，保持沉着冷静，做出正确的反应和操作，使车辆平稳行驶，改正不良驾驶习惯；
>
> 回到站上，检查车辆，停放好车辆，打扫卫生，检查车胎、皮带，使车每天处于待命状态。

获奖颇丰的张国利，依旧兢兢业业、脚踏实地地工作。

早在2010年，三分公司改造线路成功，2015年，县区公司也紧随其后，同时，市域线路实现全面高速化，县域线路实现全面公交化，这意味着乘客的乘车体验的提升，每条线路的行驶时间、路程都大大缩短，速度的提升使公司能派出更多的运转车辆行驶在路上，能让更多的人按时回家。

这次的改变让新运公司在豫北运输行业中的位次一下子突飞猛进，甚至名列前茅，在整个河南运输行业，新运公司已然站在

⊙ 张国利在检查车辆

了旗手的位置。

　　张国利说，自己作为一名省级技术能手，在如此优秀的企业中依旧有一种如履薄冰的感觉。即便已经获奖，但他仍坚持勤学苦练，丝毫不敢松懈。他时刻提醒自己，要想创造佳绩，更应该精于业务、勤学苦练、善于总结，不断发掘自身潜力，做一个勇于探索、牢记使命、开拓创新的人。

三心、四勤、五位一点

　　　　实践是检验真理的唯一标准。

　　卡车、运煤车以及公交车等大型车的耗油量一直是运输行业大多数企业和公司管理者的烦恼，汽车耗油量大，运输成本就越高。根据相关研究证明，每辆车的耗油量会因油的质量、车的性能以及驾驶员的开车技术等原因而有所不同。对驾驶员而言，最易控制又最难控制的就是自身的驾驶技术。根据有关调查表明，由于驾驶员的技术水平高低不同，车辆的耗油量相差8%至15%，所以，把一辆普通的车开成节油车是每一位合格的驾驶员必须具备的素质。

　　正所谓"实践是检验真理的唯一标准"，张国利在驾驶车辆的途中时常注意观察车辆的耗油情况，一段时间以后，他总结出了一套经验：

第一，控制空转时间。刚刚启动客车时，不能急于求成，这时候加热的不仅仅是发动机，还有车轮轴承、悬架、传动等部件，所以须要先缓速行驶，等到发动机达到可以正常行驶的运转温度后再加速，这样才能利于所有零件协调运转，也不会过度耗油。如果遇到堵车、长时间红绿灯的情况，不能仅仅靠拉下刹车制动，须要及时熄火，重新启动的耗油量会比发动机空转少一些。

第二，控制挡位的选择时间，规范换挡的动作。车辆起步时，应当根据车载重量和道路的情况合理选用挡位，在同样的行驶条件下，高挡位驾驶会比低挡位省下一部分油量。在驾驶客车的途中，还要时刻注意瞭望周围的路况，减少急刹、急停情况，提前降低车速，采取点刹、缓刹的措施应对特殊情况。对于一辆公交车来说，这样既能降低油耗，还能减少刹车片磨损。如果听到发动机声响不理想，首先选择降低车速20%，便可节省大约10%的燃油。在车速攀升到需要耗油或遇红灯时，及早把脚从加速板上挪开让车滑行，这样既省油也省刹车片。

第三，正确的胎压、车辆安全以及轮胎寿命也与油耗息息相关。"热胀冷缩"的原理在轮胎上也同样适用。冬天气打多一点儿，夏天气打少一点儿，根据季节的不同及时调整胎压，每隔一段时间检查胎压和轮胎的情况，做到眼中有活、心中有数。

其实，张国利观察到的都是一些常见的问题，但是他始终坚信"三心、四勤、五位一点（五点节油）"——

耐心、爱心和热心；

勤润滑、勤紧固、勤检查、勤维修；

做得比别人到位一点儿、看得比别人远一点儿、听得比别人仔细一点儿、踩得比别人温柔一点儿、胎压比别人准一点儿。

经过他的悉心钻研，他的车每月可节省300至500升燃油，折合人民币大约价值3 000元。这可省下了相当多的一笔钱，如果能在全公司推广，一年即可为公司节省开支150多万元。

除了节油，张国利还保持了公司修理费用最低、车辆状况最好的纪录。他明白，一名优秀的司机必须熟练掌握车辆维护保养技术。发车前，他总会提前半个多小时上岗，围着客车转几圈，观察车是否漏油，轮胎是否漏气，车是否有小问题，车容是否整洁……

他爱车如命，会定期做好客车的大保养、小养护。大到发动机、机油、机油滤芯、空气滤芯、燃油滤芯、水箱散热网、刹车片、火花塞、车灯，小到螺丝钉、螺丝帽等零件，他如数家珍，做到天天必查，定期维护，清洗、保养、更换，防晒、防水、防冻，从来不让自己和爱车"带病上岗"。"车就是我的伙计，我俩就是一个有机体。"哪怕工作了几十年，他依然感谢当初那个勤学好问、认真学习维修手艺的张国利，让他真正成为一个"爱车、护车"的好司机。

劳模工作室引领同行

　　"一个人可以走得很快，一群优秀的人能够走得更远。"

　　2012年11月8日至14日，举世瞩目的中国共产党第十八次全国代表大会在北京举行，这次会议是在我国进入全面建成小康社会决定性阶段召开的一次十分重要的大会，标志着中国已经进入全面建成小康社会的决定性阶段，开启了中国特色社会主义新时代。这次大会的内容深深震撼了每一个中国人，张国利亦不例外。

　　2012年底，张国利开始筹建自己的劳模工作室，筹建的初心是为了弘扬传帮带精神，总结推广先进生产经验，规范优质服务流程，努力提高职业技能，交流经验，更加快捷高效地开展安全生产，为企业做出更加卓越的贡献。

　　劳模工作室以张国利的名字命名，是一个仅有二十平方米的办公室。麻雀虽小，五脏俱全。这间小小的工作室也是一间荣誉室。工作室的规章制度、评选方法、活动照片以及工作室的各种资料，应有尽有；班组先进奖牌、各个时期的劳模证书，数不胜数。

工作室的宗旨是：弘扬劳模精神，培养创新意识；发挥典范作用，培育创新精神；抓好班组管理，培植创新能力；加强团队协作，带动队伍建设；提升品牌形象，积极奉献社会。以劳动模范爱岗敬业、无私奉献的先进事迹做引领示范，以劳动模范精湛的技术、优质的服务、务实的作风促进工作开展。

2013年，工作室正式挂牌成立，仅用一年时间，这间劳模工作室便被评为全国工人先锋号。

张国利劳模工作室组建之初，共有三十名成员，都是各部门优秀的班组长，业务涉及营运、服务、安全、品牌、维修等各个领域。工作室设立机务、安全、营运、工会四个板块，由专人统一协调机制，整理不同时期的会议记录以及需要的各种工具书，所有工作都围绕着工作室的进程推进。每月由张国利牵头把大家集中到一起，坐下来对各部门的生产、安全、增收等问题进行讨论，大家都带着问题来，又装着方法走，每个人都不虚此行，为企业解决了许多实际问题。与此同时，在问题的讨论过程中，他们始终坚持技术创新、理念创新、科技创新，不断启发和指导其他班组，把一些可行的建议运用到相应的工作中。

一次次的会议让他们明确工作目标、职责和考核办法，跟着时代的步伐，不断与时俱进、开拓创新，他们将技术成果、服务理念、安全管理等内容编辑成册，实现企业内交流共享。其中，车辆旧件利用、节油操作法、安全操作法等先进理念以及网络平台开发都取得了很好的效果。不仅如此，工作室还实现了跨分公司和跨工种协调，每年为企业节能减排，创新创造，合计创造净

⊙ 张国利在劳模工作室

利润高达1 500万元。

除了原有的工作室元老，张国利还从公司驾驶员、站务员、修理工中，发掘有热情、肯钻研的青年三十人，吸纳为工作室学员，对他们开展集中培训，一定程度上实现了公司员工整体职业素养的提高。到2019年，劳模创新工作室已经培训员工三十余次，五百余人次，2019年完成创新项目三项，张国利个人和工作室的情况也多次在各大媒体和省市电视台报道。

张国利劳模工作室逐渐成了企业的有力抓手，得到了越来越多同事的认可，不断发展壮大。张国利始终相信："一个人可以走得很快，一群优秀的人能够走得更远。"

工作室成立之初，班组的先进劳模不少，省劳模2人，省技术能手2人，市技术能手6人，技师和高级驾驶员几十人。在张国利劳模工作室的辐射引领下，班组在原有基础上再创佳绩，涌现出越来越多的模范，已有全国劳模1人，省劳模4人，全国技术能手1人，省技术能手1人，技师15人，高级驾驶员25人。

⊙ 张国利（左三）在劳模创新工作室组织大家讨论解决生产、经营难题

赴京领奖，不忘初心

"这是多大的荣誉啊！"

2014年4月，张国利劳模创新工作室被评为全国工人先锋号，同一时间，张国利个人荣获河南省劳动模范称号。2014年五一前夕，张国利以新乡市新运交通运输有限公司张国利劳模工作室主任的身份赴京领奖。

2014年4月26日，张国利乘坐一辆从省总工会驶出的大巴直达郑东高铁站，乘车进京，在北京站下高铁后，又与众多劳模一同乘坐一辆大巴直达中国职工之家。张国利全程心情激动，直到看到人民大会堂，这种感觉还是那么不真实。

在人民大会堂外，张国利感觉自己好像做梦一般，眼前的建筑和曾经看到的照片一模一样，但又多了些宏伟与震撼。阳光从四面八方直射屋顶，建筑前的十二根立柱威严耸立在台阶之上。抬眼望去，阶梯高度几乎近两层楼，金色的国徽牢牢地镶嵌在中间位置，和广场上飘扬的五星红旗完美映照，巍峨磅礴。

大会堂表彰现场，全国总工会领导为大家颁发全国先锋号奖牌，那一刻，张国利才感觉到荣誉的真实，也充分体会到了作为

一个企业主人翁的自豪感和新时期工人阶级的责任感，感受到了
国家对工人阶级、先进群体和广大工人队伍的重视。国家给予了
他们最大的认可，也让张国利对未来道路的信心更加坚定！

上午颁奖典礼结束后，在各位负责人的带领下，他们有幸与
国家领导人合影留念，大家都可兴奋了，第一次离领导人那么
近，一时间都不敢多说一句话，只是激动地一会儿看看镜头一会
儿看看领导人，心想："这是多大的荣誉啊！等会儿一定要先把
照片传给家人！"

后来，他们又参观了国家博物馆，登上了天安门城楼合影，
也看到了后面的故宫建筑群。看着一座座金黄对称的建筑庄严地
矗立在那里，张国利在心里默默想着，一定要带父母和妻儿来这
里好好逛上几天，让他们一起感受北京建筑的宏伟！

他们还去了航天部第四空间站参观。

第四天，在主办方的安排下，全国劳模互相交流，张国利更
是惊叹不已。这里的每个人都非常优秀，大家在自己擅长的领域
兢兢业业、奋发图强，每个人都是闪闪发光的。通过和大家的交
流学习，张国利收获了很多过去不曾了解的知识，也受到了许多
启发，比起有些工作者，他认为自己做得还远远不够，必须要继
续努力。

整整四天，张国利都在鲜花、掌声和镜头下度过，这是非常
大的荣耀，但对张国利来说，这更是一种压力和责任。

生在这个好时代，张国利一直都知道，自己只有更加努力奋
斗，才能对得起党组织的多年培养与爱护，对得起各级工会组织
的关心，对得起同事们一直以来的通力合作，对得起父母的悉心

教导和妻子的默默付出。这一切都需要他"撸起袖子加油干"，用辛勤的劳动和不畏艰险、敢于挑战的强烈进取精神继续奋斗，不忘初心，砥砺前行！

2015年4月28日，好消息再次传来。张国利被授予全国劳动模范称号！

习近平总书记的话仿佛还在耳边回响，总书记的讲话让众多工人更加意识到国家对他们的重视，作为其中的一员，张国利犹感荣幸，也无比骄傲自豪，他深感自己责任重大，在党和国家的光辉的照耀下，他要不忘初心，继续实现自己的汽车梦！

牢记使命，砥砺前行

"我的方向盘掌控的是千万个家庭的平安与幸福。"

2016年，张国利被评为全国百万公里优秀驾驶员；2017年，张国利被评为新乡市最美交通人；2018年，张国利走上新岗位，担任新乡市总工会兼职工会副主席；2019年，新乡政府给张国利颁发了"牧野工匠"的称号。

张国利真的如自己所说，在一步步往前走。

待遇提高了，任务量也随之增加。

在单位，张国利的主要工作是协调全年运营计划安排，当天任务当天安排，四条线路、五十多辆大巴以及六十多名驾驶员都需要张国利统筹安排，只有与时俱进、实时调整，才能安排出最合适的运营时间和路线。在办公室里，张国利的电话似乎没有停过，总是从早上响到晚上。电话还会跟着他回家，经常在他吃饭的时候响起，他接完电话，饭都凉了。每到这时，妻子就会和儿子相视一笑，叹一口气后又默默去厨房为丈夫热饭。过年过节，单位的运营车和驾驶员会忙不过来，张国利也会及时安排自己上车，和同事一起跑几趟线路，妻子经常说，这个不回家的人变得更忙了。

"我没有惊天动地的丰功伟绩，有的只是安全行车两百多万公里无事故的纪录；我没有慷慨激昂的豪言壮语，有的只是风雨无阻二十多年如一日的真诚奉献；我没有世人赞叹的赫赫功名，有的只是口口相传的良好口碑。"张国利说，多年来，他安全行车的秘诀很简单，即保持好心态并遵守规章制度，不随意变道，不抢行，带着激情享受每一次出车过程，把生命最美好的时光融入祖国的交通事业。"我无怨无悔，一如既往，要为建功新时代不断贡献力量。"张国利说得很平淡。但说起来容易，要真正实施起来却没有几个人能完全做到。这大概就是张国利可以成为全国劳模的秘诀吧。

在经济大潮的冲击下，很多人物欲膨胀，有人曾劝张国利："凭你的人缘、能力和技术，随便干点儿啥每月挣个万儿八千的也不成问题，非在单位受约束干啥？"

"你没干过客运你不知道，这里有和我并肩作战的同事，有我精心呵护的车辆，有我魂牵梦绕的线路，有我倾情服务的乘

⊙ 张国利在调度室调度车辆

客，有我真心热爱的事业，有我到什么时候都割舍不下的一切……"正是这份无悔、无私的奉献，满腔热情尽职责，一片丹心献旅客，让张国利振奋精神，焕发出新动力，驾车筑梦，在新时代更有新作为。

交通的发展将进一步扩大我国大都市区的承载量，并推动大城市的多中心化进程。尤其是当前我国大城市的城市公交、市域公交、城际客运正快速发展，更新力度很大，公路客运交通建设将进一步拉近城市的空间距离。作为党员示范岗代表，张国利用高标准严格要求自己，用良好的品格魅力，影响着身边的同事，带动着大家一起进步。

"客运就是我的事业，我的方向盘掌控的是千万个家庭的平安与幸福。我很荣幸，在工作中能够胜任并更好地发挥引领作用和示范效应，从父辈的言传身教和老一辈的先进事迹中取经，学他们做人的道理、做事的原则。"

几十年来，一万多个日夜，三千余次包车任务，张国利一刻也不敢懈怠，始终怀着感恩的心，享受着工作，寒来暑往，风雨无阻，即使节假日甚至年三十也从未间断过。他迎着晨曦出车，踏着晚霞回家，兢兢业业，几十年来，数不清拉过多少乘客，得到过多少好评。

他始终牢记祖国交通事业的发展，用实际行动践行劳模精神，也不忘在工作之中勇于担当。

"党心我心亘古不变，车内车外都做好人！"

张国利多年资助贫困山区学生，疫情防控期间捐款给第一人民医院价值三千元的物资，春节甘做社区志愿者，7·21水灾无私

⊙ 张国利微笑服务乘客

捐献价值八千余元的物资，并号召劳模同志捐款捐物十余万元。他主动参加卫辉转运受灾群众的工作，到高铁东站摆渡，去北环寺庄鼎村摆渡救援。

进修深造，踏上新征程

"感恩，超越，起航！加油！"

1991年，张国利失去了继续上高中、读大学的机会，现在有了条件，国家政策也鼓励工人继续深造。这些年里，他一直在努力提高自己的学历，一是响应国家政策，二是圆自己的上学梦。在2014年，张国利报考了中央广播电视大学（现国家开放大学）汉语言专科班学习文化课程，之后又升本科进行二次充电，于2018年10月拿到工商管理本科学历。

2019年2月，在工作中不断进取的张国利迎来了人生的另一件喜事——弄瓦之喜！尽管十几年前已经有过抱儿子的经验，但当女儿被抱出来时，面对可爱的女儿，他还是有点儿不知所措，生怕自己抱不好。妻子从产房出来后，张国利抱着自己粉嘟嘟的女儿跟在妻子后面，笑得合不拢嘴。

多么可爱的小宝贝啊，一向内敛的大男人也有了一次温情的举动，他亲亲自己的妻子，又亲亲自己的宝贝女儿，好像拥有了全世界。有了妻子和这对儿女，他觉得自己就是这个世界上最幸福的人！

还没等从喜得千金的喜悦中缓过来，张国利又收到了另一个好消息：中国劳动关系学院发来了录取通知书！

从快递员手中接过录取通知书时，张国利忍不住流下了眼泪，心中有激动、有兴奋，更有感动和感恩。

这么多年以来，没有受过正规大学的教育始终是他心里的一个遗憾，尤其是在信息化高速运转的时代，熟练使用电子设备以及一些新产品至关重要，理论知识的欠缺总会在某些时候阻挠工作的正常运转，但是现在，这一切都将不是问题。

那，孩子怎么办呢……

双方的父母早已年迈，他最疼爱的妻子还在坐月子，女儿因为黄疸住进了重症监护室，儿子即将进入大学校园，家里正是最需要自己的时候，如此困境下，他很难做出决定。

妻子看出来他的为难。一天，趁父母都出去时，她拉着丈夫的手说："去吧，有我呢！"看着妻子虚弱地半躺在床上坚定地看着自己，张国利一时感慨万分，没能忍住自己的泪水，痛哭了一场。一路走来，除了父母，妻子是他最坚实的后盾——儿子的生活他从来没有照顾过，儿子的家长会他一次也没参加；每次父母需要帮助，他都在路上跑着……是妻子，全程参与儿子的成长，也是妻子，一个人带着儿子，在父母需要的时候赶到父母身边。他明白，如果没有妻子，他这一路不会那么顺畅，现在也不会如此幸福，有她相伴是自己最幸福的事！

2019年3月6日，张国利踏上了北上的列车。含泪离别亲人和朋友，他正式成为一名在职脱产的本科大学生，进入中国劳动关系学院深造！

在学校，他非常荣幸，与同学们一起学习了习近平总书记给劳模班的回信。

受到总书记的鼓舞，张国利更加珍惜这次难得的学习机会，在学校认真听讲，用心总结，真诚沟通，敢于表达，不断进步。在老师和同学们的信任和支持下，他非常荣幸成为劳模班的支部书记。

新的身份，新的使命，新的责任。张国利踏上新征途！

身为一名劳动模范，张国利在自己的岗位上坚守敬业、创新奉献、诚实劳动、追求完美。如今，作为一名在校大学生，他继续发扬劳模精神，勤学多问，勤于实践，不辜负组织的厚望。用所学、所听、所记熟练地掌握新知识、新技能，做知识型、技能型、创新型"三型"时代先锋，抓住新机遇和新挑战，紧跟时代步伐，为实现中华民族伟大复兴而学习。

劳动最光荣、劳动最崇高、劳动最伟大、劳动最美丽！张国利大力弘扬劳模精神、工匠精神，诚实劳动、勤恳工作，用工人阶级的先进思想和模范行为影响和带动全社会的广大职工。而今，他要把学习作为重要的政治责任，不辜负总书记的期望，立足岗位学，向师傅学，向同事学，向书本学，向实践学，紧跟时代步伐，在千帆竞发、百舸争流的时代中展现风范，在报效祖国、服务社会的精彩人生中有所作为。

"感恩，超越，起航！加油！"张国利写下了明年的目标。

⊙ 上图　2020年春，女儿生日时，张国利与家人合影

⊙ 下图　2022年春节，张国利（三排右三）全家人大团圆留影